KINDERFRAGEN AKTUELL

Unser Körper

333-mal
was Kinder wirklich
wissen wollen

Birgit Kuhn

Unter Mitarbeit von
Heike Huwald, Isabel Liebers und Elke Schwalm

Compact Verlag

Liebe Leserin, lieber Leser!

Kletterst du gern auf Bäume? Oder tanzt du lieber? Vielleicht bist du auch ein Kind, das viel liest. Aber bestimmt magst du leckeres Essen. Für all das brauchst du deinen Körper.

Deshalb ist es unangenehm, wenn du dich verletzt oder krank wirst und dich nicht wie immer bewegen kannst. Warum wird man überhaupt krank? Sicher hast du dich das auch schon gefragt, wenn du im Bett bleiben musstest, während deine Freunde draußen spielen konnten. Warum habe ich Fieber? Wie heilt meine Wunde?

Dieses Buch hilft dir, deinen eigenen Körper besser zu verstehen. Warum hat das Herz zwei Hälften? Was macht das Gehirn, wenn wir schlafen? Wieso sehen Mädchen anders aus als Jungen? In den folgenden Kapiteln kannst du die Antworten auf solche wichtigen Fragen nachlesen.

Wenn dich ein bestimmtes Thema besonders interessiert, findest du im Inhaltsverzeichnis die entsprechende Seitenzahl. Möchtest du nur schnell ein Stichwort nachschlagen, blättere ganz nach hinten zum Register. Dort sind alle Stichwörter alphabetisch aufgelistet. Hinter jedem Wort steht dann die dazugehörige Seitenzahl.

Und nun viel Spaß bei der Entdeckungsreise durch den menschlichen Körper.

Birgit Kuhn

Bisher sind in dieser Reihe erschienen: Rekorde aus dem Reich der Tiere, Unser Körper

© 2008 Compact Verlag München
Alle Rechte vorbehalten. Nachdruck, auch auszugsweise,
nur mit ausdrücklicher Genehmigung des Verlages gestattet.
Text: Birgit Kuhn, unter Mitarbeit von Heike Huwald, Isabel Liebers, Elke Schwalm
Chefredaktion: Dr. Angela Sendlinger
Redaktion: Ulrike Leistenschneider
Produktion: Wolfram Friedrich
Abbildungen: **dpa Picture-Alliance, Frankfurt:** S. 8, 9, 12, 15, 16, 18, 20, 24, 32, 36, 40, 41, 48, 49, 56, 66, 67, 72, 73, 74, 75, 76, 77, 78, 79, 84, 86, 98, 99, 100, 103, 105, 109 / **ifa Bilderteam, Ottobrunn:** S. 5, 11 / **Kanzlit KG:** S. 45 / **Klosterfrau Gesundheitsdienst:** S. 26, 96, 101 / **Mauritius Bildagentur, Mittenwald:** S. 6, 8, 9, 15, 26, 29, 56, 61, 75, 80 / **Schweizerische Gesellschaft für Ernährung:** S. 35 / **www.digitalstock.de:** S. 23, 83, 86, 89 / **www.pixelio.de:** Bucurescu, Alexandra S. 60 / Hautumm, Claudia S. 95 / Maler, Jürgen S. 24 / Rose, Ernst S.19 / Tomizak S. 88 / Vollmert, Melanie S. 74 / Wengelinski, Stephan S.32 / **www.fotolia.de:** Adamczyk, Monika S. 30, 66, 71, 102 / Allinger, Martin S. 69 / Arcurs, Yuri S. 43 / Baehren, Sven S. 81 / Barskaya, Galina S. 104 / Berg, Simone van den S. 54 / Biyahmadine, Nabil S. 89 / Bogdanski,Yvonne S. 10, 50 / Bramwell, Alex S.58 / Bronwyn Photo S. 81 / Byron, Rob S. 28 / C Quenum S. 91 / CatPaty13 S. 92 / Chauvin, Yanik S. 49 / Cre8tive Studios S. 13 / Devanne, Philippe S. 47 / Duplass, Jaimie S. 93 / Dyakova, Marina S. 25 / Eisenhans S. 43 / Etchison, Sonya S. 34, 63, 108 / Figge, Anne Katrin S. 106 / Figus, Elisabetta S. 17 / Fischer, Irina S. 7 / foto.fritz S. 100 / FrankU S. 23 / Frith, Keith S. 16 / Fux S. 111 / Gansovsky, Vladislav S. 80 / Garban S. 22 / Gelpi, Jose Manuel S. 44 / godfer S. 102 / Hallgerd S. 22 / Hayward, Mathew S. 31, 92 / Heim, Ramona S. 64, 104, 110 / Hemmann, Tino S.45 / Hernandez, David S. 69 / Hilpert, Werner S. 59 / iMAGINE S. 107 / lofoto S. 55 / Josef Muellek, S. 108 / Kalmbach, Alex S. 65 / Karwowska, Anna S. 51 / Kathleen Melis S. 110 / Kaulitzki, Sebastian S. 29 / Keith, John S. 46 / King, Christopher S. 91 / Kissling, Hennie S. 20 / Koch, Andreas S. 78 / Krisak, Stefan S. 68 / Ksobiak, Rainer S. 107 / Kzenon S. 21 / Lianem S. 30 / Marlee S. 67 / Martinez, Tracy S. 52 / Medmed S. 4 / Miller, Katrina S. 95 / Mulcahy, Brett S. 97 / Nicolaon, Laurent S. 79 / NiDerLander: S. 37, 103 / O'Connell, Dóri S. 53 / Olga-LIS S. 62 / Olivier.G S. 65 / Pepin, Denis S. 33 / Perkins, Tom S. 18, 35, 51 / Pfluegl, Franz S. 58 / PictureArt S. 94 / Preobrazhenski, Sergei S. 68 / Raths, Alexander S. 42 / Sabau, Steluta S. 61 / Sallydexter S. 57 / Sapegina, Olga S. 82 / Schmid, Martin S. 85 / Shocky S. 42 / Syncerz, Marzanna S. 39, 46, 54, 90, 91, 101 / Thompson, Leah-Anne S. 38 / Trojanowski, Tomasz S. 94 / Vanovitch, Lisa S. 59 / vision images S. 65 / Wimbledon S. 98 / witkra S. 39 / Wowak, Pascale S. 87
Titelabbildungen: www.fotolia.de: Negovelov, Igor / sparkia / Kaulitzki, Sebastian / Heim, Ramona / Chabraszewski, Jacek
Gestaltung: EKH Werbeagentur GbR
Umschlaggestaltung: Bettina Weisl

ISBN 978-3-8174-6393-0
5463931

Besuchen Sie uns im Internet: www.compactverlag.de

Inhalt

Sonderthemen

Warum haben wir Knochen?

Ohne Knochen wäre unser Körper eine weiche Masse, die sich — ähnlich wie eine Schnecke — nur kriechend fortbewegen könnte. Unsere Knochen stützen unseren Körper, nur durch sie können wir aufrecht gehen. Einige Knochen sollen zusätzlich besonders wichtige und leicht verletzbare Teile unseres Körpers schützen: Die Schädelknochen sind eine stabile Hülle für unser Gehirn, die Rippen eine Art Schutzbehälter für die Organe. Alle Knochen zusammen bilden das Skelett, auch „Stützapparat" genannt. Doch das ist nicht alles: Knochen speichern Kalzium, einen lebensnotwendigen Mineralstoff. Das Knochenmark im Inneren der Knochen

Wissenswertes über das Skelett

Babys haben bei ihrer Geburt 300, Erwachsene nur noch 206 Knochen. Wie das? Viele Knochen, etwa am Schädel und an der Hand, sind anfangs noch nicht verbunden. Sie wachsen mit der Zeit zu größeren Knochen zusammen. Dadurch wird das Skelett belastbarer.

produziert rote und einige weiße Blutkörperchen, die wichtigsten Bestandteile des Blutes.

Wie sind Knochen aufgebaut?

Knochen bestehen zu einem Viertel aus Wasser. Sie sind von Blutgefäßen und Nerven durchzogen und — mit Ausnahme der Gelenke — von einer Knochenhaut umhüllt. Die Knochenhaut enthält Zellen, aus denen neue Knochenzellen gebildet werden können. Das Innere des Knochens besteht aus Knochenmark und Knochenbälkchen. Dieses Gewebe ist leicht, aber trotzdem stabil und belastbar. Nicht alle Knochen sind gleich aufgebaut: Manche Knochen, etwa der Oberschenkel- und der Oberarmknochen, sind innen hohl. Wirbelknochen, Ferse und Oberschenkelhals sind dagegen sehr kompakt gebaut, um großen Belastungen standzuhalten.

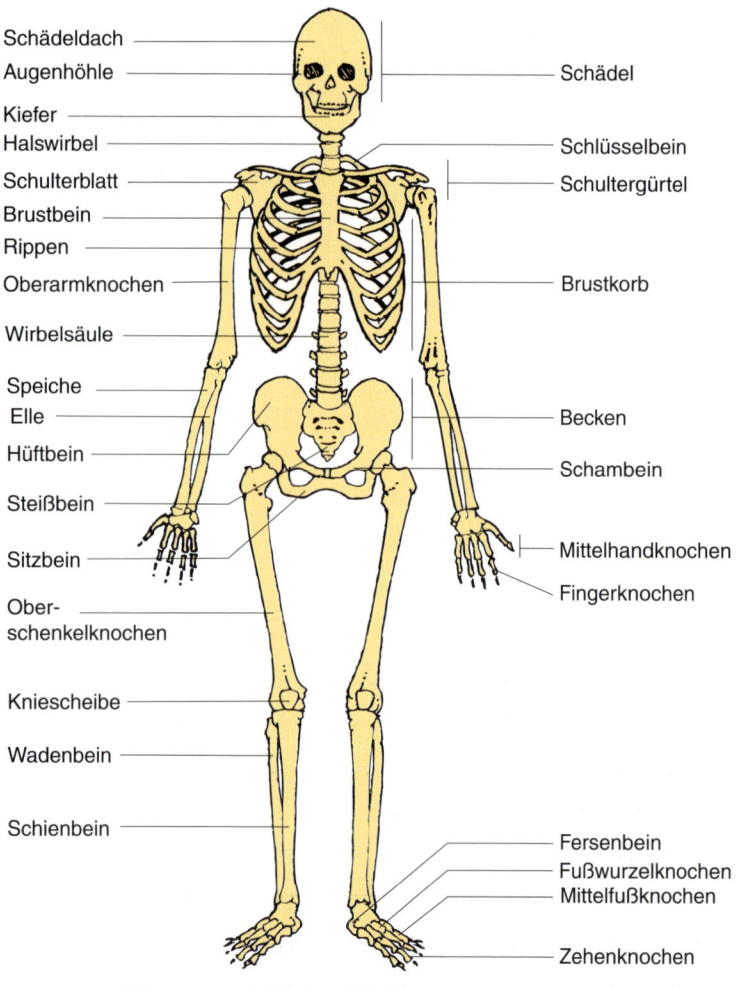

Das menschliche Skelett

Schädeldach
Augenhöhle
Kiefer
Halswirbel
Schulterblatt
Brustbein
Rippen
Oberarmknochen
Wirbelsäule
Speiche
Elle
Hüftbein
Steißbein
Sitzbein
Oberschenkelknochen
Kniescheibe
Wadenbein
Schienbein

Schädel
Schlüsselbein
Schultergürtel
Brustkorb
Becken
Schambein
Mittelhandknochen
Fingerknochen

Fersenbein
Fußwurzelknochen
Mittelfußknochen
Zehenknochen

Im Knocheninneren verlaufen Gefäße.

Skelett, Muskeln

Warum können Knochen brechen?

Unsere Knochen sind hart und elastisch zugleich. Das heißt, sie geben ein wenig nach, wenn sie belastet werden, ohne sich dauerhaft zu verformen. Wird aber die Belastung zu groß, bricht der Knochen. Das kann passieren, wenn ein sehr schwerer oder harter Gegenstand, zum Beispiel ein Stein, auf den Knochen trifft. Knochen können auch brechen, wenn man mit großer Wucht hinfällt.

Was passiert, wenn Knochen brechen?

Es gibt verschiedene Arten von Knochenbrüchen. Beim „einfachen Bruch" wird das Gewebe um den Knochen kaum oder nur sehr wenig beschädigt. Schwieriger ist ein „komplizierter Bruch", wenn Knochenteile verrutscht sind. Dann muss der Arzt sie wieder in die richtige Stellung bringen. Wenn ein Knochen

die Haut durchstoßen hat, spricht man von einem „offenen Bruch". Sind die Knochenenden zersplittert, nennt man dies „Trümmerbruch". Bei der Heilung wächst der Knochen wieder zusammen. Dazu müssen sich die beiden Teile mehrere Wochen lang in der richtigen Stellung zueinander befinden. Deshalb bekommt man meistens einen Gips.

Warum brechen bei alten Menschen die Knochen leichter?

Damit unsere Knochen belastbar bleiben, werden Teile des Knochens immer wieder abgebaut und erneuert. Bis zum 30. Lebensjahr wird mehr Knochenmasse aufgebaut. Doch das ändert sich: Je älter die Menschen werden, umso weniger Knochenmasse wird wieder aufgebaut. Es überwiegt also der Knochenabbau. Teile des Knochens, die ihm seine Festigkeit verleihen, gehen nach und nach verloren. Das Risiko, dass die Knochen brechen, steigt.

Wie heilt ein gebrochener Knochen?

Wenn ein Knochen gebrochen ist, beginnt der Körper sofort, den Schaden zu beheben. Zwischen Teilen des Knochens wird Kallus aufgebaut. Dieses Gewebe ist noch weich und überbrückt die Bruchstelle. Osteoblasten, das sind die Zellen, die für den Knochenaufbau verantwortlich sind, lagern Kalzium und weitere Stoffe an der Bruchstelle ab. Das neue Knochengewebe wird stabil, nach und nach wächst der Knochen wieder zusammen. Wenn zu viel neues Gewebe entsteht, wird das überschüssige Gewebe wieder abgebaut. Die Zellen, die diese Aufgabe übernehmen, heißen Osteoklasten.

Mit einem Gips heilt ein gebrochener Knochen besser.

Welches ist unser kleinster Knochen?

Kaum zu glauben, aber wahr: Er sitzt im Ohr! Der sogenannte „Steigbügel", ein Gehörknöchelchen im Mittelohr, ist der kleinste Knochen. Er ist nur 2,6 bis 3,4 Millimeter lang und zwei bis 4,3 Milligramm leicht. Seinen Namen hat er von der Form, die an den Steigbügel eines Sattels erinnert: Von der Fußplatte gehen zwei Schenkel aus, die oben wieder zusammentreffen. Mit den beiden anderen Gehörknöchelchen, Hammer und Amboss, verbindet der Steigbügel das Trommelfell mit dem Innenohr.

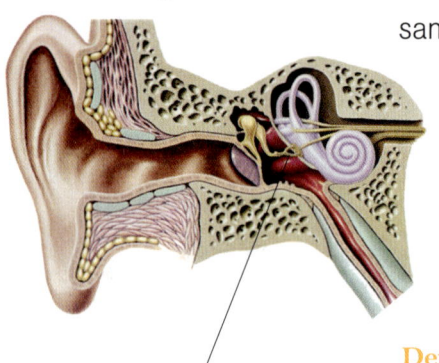

Steigbügel

Der Steigbügel ist unser kleinster Knochen.

Haben schwere Menschen stärkere Knochen als normalgewichtige?

Um herauszufinden, ob schwere Menschen stärkere Knochen als Leichtgewichte besitzen, haben Wissenschaftler die Dichte und Festigkeit der Knochen verglichen. Dabei kam heraus, dass die Knochen schwergewichtiger Menschen tatsächlich stabiler sind als die normalgewichtiger — sie enthalten mehr Kalk und Kalzium. Anders als die Knochen können die Gelenke die Belastungen jedoch nicht ausgleichen. Übergewichtige beanspruchen ihre Gelenke daher stärker als Normalgewichtige. Die Gelenke nutzen schneller ab und tun irgendwann weh!

Welches ist unser größter und stabilster Knochen?

Mit etwa 50 Zentimetern Länge bei einem Erwachsenen ist der Oberschenkelknochen unser längster Knochen; er macht etwa ein Viertel unserer Körpergröße aus. Obwohl er nur um die 500 Gramm wiegt, kann er einem Druck von 1700 Kilogramm standhalten. Ganz schön stark, oder?

Warum wächst man nicht sein ganzes Leben lang?

Wann und wie stark wir wachsen, können wir nicht beeinflussen. Hormone, das sind Botenstoffe, die in der Hirnanhangsdrüse produziert werden, steuern das Wachstum und bestimmen, wie groß wir werden. In den ersten Lebensjahren werden sehr viele Wachstumshormone ausgeschüttet, danach verlangsamt sich das Wachstum. Erst in der Pubertät, also im Alter zwischen zehn und 16 Jahren, wachsen Jugendliche wieder sehr stark. Ausgewachsen ist ein Mensch, wenn er um die 20 Jahre alt ist.

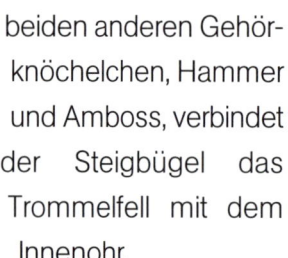

Kinder wachsen schnell.

Skelett, Muskeln

Das hält unsere Knochen fit!

Bewegung und kalziumreiche Nahrung (zum Beispiel grünes Gemüse, Nüsse), viel Milch und Milchprodukte (zum Beispiel Joghurt, Quark, Käse) sowie Vitamin D, das wir mithilfe des Sonnenlichts herstellen, halten unsere Knochen bis ins Alter fit und stabil.

Warum sind bei alten Menschen oft die Nase und die Ohren so groß?

Ohren und Nase wachsen tatsächlich das ganze Leben lang! Und zwar durchschnittlich ein fünftel Millimeter pro Jahr. Woran das liegt, weiß niemand schlüssig zu beantworten. Nur dass Ohren und Nase immer größer werden, konnten Wissenschaftler in mehreren Studien nachweisen.

Alte Menschen haben oft große Ohren.

Warum sind wir am Abend kleiner als am Morgen?

Das liegt an der Wirbelsäule, genauer gesagt an den Bandscheiben. Sie liegen wie Puffer zwischen den Wirbeln und machen ein Viertel der Länge der Wirbelsäule aus. Insgesamt haben wir 23 solcher Pufferscheiben, die hauptsächlich aus kollagenhaltigem Gewebe bestehen, das, ähnlich wie ein Schwamm, sehr viel Flüssigkeit einlagert. Weil wir uns tagsüber aufrecht halten, werden die Bandscheiben zusammengedrückt und Flüssigkeit tritt aus. Über Nacht erholen sich die Bandscheiben dann wieder und nehmen Flüssigkeit auf.

Warum ist eine Verletzung an der Wirbelsäule so gefährlich?

Die Wirbelsäule stützt nicht nur unseren Körper, sie schützt auch eine der wichtigsten Nervenbahnen. Wie funktioniert das? Jeder Wirbel hat in der Mitte ein kreisrundes Loch. Übereinandergestapelt bilden die Wirbel einen Kanal; durch ihn verläuft das Rückenmark. Alle Nerven aus den Beinen, den Armen und dem Bauch münden im Rückenmark und übertragen Sinnesreize an das Gehirn. Wenn ein Knochen der Wirbelsäule verletzt wird, kann auch das Rückenmark beschädigt sein. Je nachdem, wie stark das Rückenmark verletzt wird, kommt es zu Lähmungen — die „Nachrichtenleitung", die Arme und Beine mit dem Gehirn verbindet, funktioniert nicht mehr reibungslos. Im schlimmsten Fall, wenn das Rückenmark bei einem Unfall durchtrennt wurde, ist man querschnittsgelähmt.

Wieso gibt es verschiedene Arten von Gelenken?

Knochen sind starr. Damit wir uns bewegen können, brauchen wir Gelenke. Sie verbinden die Knochen auf unterschiedliche Weise — je nachdem, wie wir die Knochen zueinander bewegen. Man unterscheidet zwei Grundformen von Gelenktypen: Kugelgelenk und Scharniergelenk. Kugelgelenke ermöglichen eine Bewegung nach allen Seiten. Das Schultergelenk ist ein typisches Kugelgelenk: Deshalb können wir unsere Arme kreisen lassen. Typische Scharniergelenke sind am Ellbogen und in den Fingern. Sie lassen sich nur beugen oder strecken.

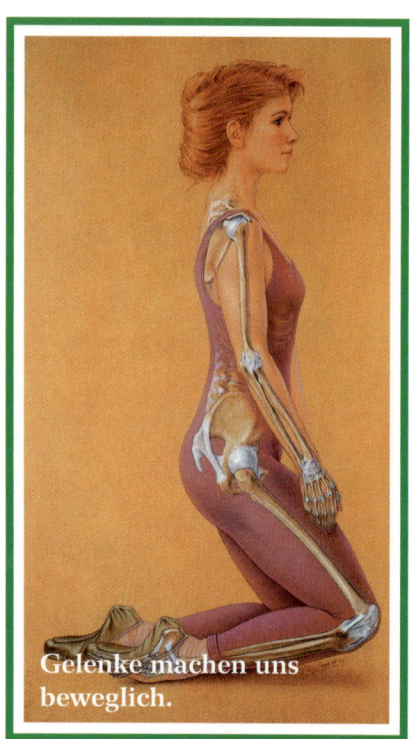

Gelenke machen uns beweglich.

Wie schützen sich die Gelenke vor Abnutzung?

Wenn du schon einmal an einem Hühnerbeinchen geknabbert hast, ist es dir bestimmt aufgefallen: Die Knochenenden sind viel weicher als der übrige Knochen. Hier ist der Knochen mit Knorpel, einem elastischen Gewebe, überzogen. Knorpel verformen sich leicht und können direktem Druck gut standhalten. Sie mildern Stöße ab, die zum Beispiel beim Laufen und Springen auf den Knochen einwirken. Damit sich die Gelenke „wie geschmiert" bewegen, sind sie von Gelenkflüssigkeit umgeben. Die Gelenkflüssigkeit versorgt den Knorpel, in dem sich keine Blutgefäße befinden, mit Nährstoffen — so kann der Knorpel immer wieder neue Masse aufbauen.

Wie werden die Knochen eines Gelenkes zusammengehalten?

Die Gelenke sind durch Bänder verstärkt. Sie bestehen wie die Sehnen, die Muskeln mit den Knochen verbinden, hauptsächlich aus sogenannten kollagenen Fasern. Die Bänder sind kaum durchblutet. Das ist auch der Grund, warum es so lange dauert, bis verletzte oder gerissene Bänder wieder verheilen. Bei einem Bänderriss hilft oft nur noch eine Operation. Dabei wird das gerissene Band wieder zusammen- oder angenäht.

Was sind künstliche Gelenke?

Je älter man wird, desto mehr nutzen sich die Gelenke ab. Häufig sind sie so sehr beschädigt, dass sie sehr wehtun, wenn man sich bewegt. Zum Glück kann man Gelenke — anders als Organe — durch künstliche Gelenke sehr gut ersetzen. Diese Gelenke bestehen aus Materialien, die der Körper sehr gut verträgt, zum

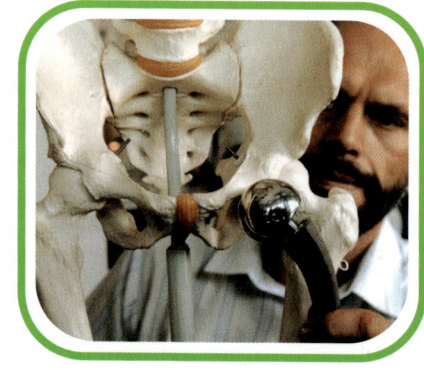

Ein künstliches Hüftgelenk

Skelett, Muskeln

Beispiel Metall, Keramik oder Kunststoff. Doch es gibt einen Nachteil: Künstliche Gelenke halten bei Weitem nicht so lange wie natürliche Gelenke. Nach zehn Jahren sind sie abgenutzt und müssen wieder ersetzt werden.

Warum knacken Knochen manchmal?

Knack, knack — manche machen sich einen Spaß daraus und biegen ihre Finger mit Absicht nach hinten, damit sie knacken. Andere bekommen ein wenig Angst, wenn sie das Geräusch hören. Was steckt dahinter? Die Wissenschaftler sind sich nicht einig: Möglicherweise liegt es daran, dass in der Knorpelschicht, die die Gelenke bedeckt, eine Falte entstanden ist. Wenn die Knochen bewegt werden, dann knackt es. Obwohl man die Ursache nicht genau kennt, ist eines sicher: Das Knacken ist harmlos.

Welche Aufgaben haben die Muskeln?

Ohne Muskeln können wir uns nicht bewegen, das ist klar. Doch auch um aufrecht zu sitzen und zu stehen, brauchen wir Muskeln: Dazu dienen die Skelettmuskeln und das sind fast die Hälfte der Muskeln, die wir besitzen! Muskeln halten auch warm: Über die Hälfte der Energie, die die Muskeln verbrauchen, dient dazu, unsere Körpertemperatur auf konstant

Für Bewegung brauchen wir Muskeln.

37,5 Grad Celsius zu halten. Und was ist mit dem Laufen, Gehen und Springen? Nur 45 Prozent der Muskelenergie wird in Bewegung umgesetzt.

Wie übertragen Muskeln ihre Kraft auf die Knochen?

Knochen und Muskeln sind durch Sehnen miteinander verbunden. Sie bestehen aus Bindegewebe, dem kollagene Fasern die nötige Festigkeit verleihen. Daher kann über die Sehnen die Muskelkraft auf die Knochen übertragen werden. Übrigens: Die Achillessehne, die die Wadenmuskeln mit dem Fersenbein verbindet, ist unsere stärkste und längste Sehne.

Sehnen verbinden unsere Knochen und Muskeln.

Warum haben wir zwei unterschiedliche Arten von Muskeln?

Unsere Skelettmuskulatur arbeitet nur, wenn sie vom Gehirn den Befehl dazu bekommt. Die länglichen Gewebezellen ergeben unter dem Mikroskop ein Querstreifenmuster. Deshalb spricht man auch von „quergestreifter" Muskulatur. Man kann sie bewusst steuern. Andere Muskeln bewegen sich ganz automatisch, zum Beispiel unsere Atemmuskulatur oder unser Magen. Wir müssen nicht darüber nachdenken, wenn wir unsere Nahrung verdauen. Man nennt die Muskulatur in unseren Organen auch glatte Muskulatur, weil sie aus spindelförmigen, sehr kurzen Muskelzellen besteht.

Welches ist unser größter und stärkster Muskel?

Wer hätte das gedacht: Einer der stärksten Muskeln, die wir haben, ist der große Gesäßmuskel. Doch um stark zu sein, muss ein Muskel nicht unbedingt groß sein — auch die Zunge zählt zu den stärksten Muskeln. Wer an groß denkt, der hat dabei immer auch die Länge im Sinn. Der längste Muskel ist der sogenannte Schneidermuskel, der von der Hüfte bis zum Knie reicht. Er ist bei einem Erwachsenen etwa 70 Zentimeter lang. Und der kleinste Muskel? Der Stapedius sitzt dort, wo auch die kleinsten Knochen sind, nämlich im Ohr; er ist nur 1,2 Millimeter lang.

Wieso haben wir im Gesicht besonders viele Muskeln?

Ob wir es wollen oder nicht — unser Gesicht sagt, wie wir uns fühlen und was wir gerade machen: Wer seine Stirn runzelt, dem sieht man an, dass er sich über etwas Gedanken macht. Wer den Mund verzieht, zeigt, dass ihm etwas gar nicht behagt. Und was ein Lächeln bedeutet, weiß jeder — ganz unabhängig davon, wo wir leben und in welcher Kultur wir aufgewachsen sind. Unsere Mimik ist eine internationale Sprache, die überall verstanden wird. Damit wir diese ganz unterschiedlichen Bewegungen ausführen können, brauchen wir entsprechend viele Muskeln.

Wie entstehen beim Lachen Grübchen?

Bei kleinen Kindern sehen sie besonders hübsch aus — Grübchen. Woher kommen die Vertiefungen, wenn wir lachen? Warum hat nicht jeder Grübchen? Es liegt an dem Lachmuskel, der von der Schläfe bis zur Wange verläuft. Wenn man lacht, zieht der Muskel die Haut nach innen und bildet ein Grübchen. Wer beim Lachen keine Grübchen bekommt, hat einen schwachen Lachmuskel.

Bei einem starken Lachmuskel entstehen Grübchen.

Warum muss man seine Muskeln trainieren?

Was passiert, wenn man nur noch herumsitzt? Die Muskeln erschlaffen, nach und nach wird sogar Muskelmasse abgebaut. Das sieht nicht nur schlecht aus, sondern kann sogar wehtun: Bei vielen Menschen, die über Rückenschmerzen klagen, liegt das Problem nicht an der Wirbelsäule. Schuld daran sind wenig trainierte Muskeln. Was tun? Damit die Muskeln stark bleiben, muss man sie bewegen. Am besten ist es, wenn man sich regelmäßig bewegt. Sport ist ideal, um seine Muskeln fit zu halten. Dabei sollte man aufpassen, dass nicht einzelne Körperteile und Muskeln zu stark beansprucht werden.

Skelett, Muskeln

Was ist Body-building?

Starke Muskeln, ein fitter Körper — davon träumt fast jeder Junge, jeder Mann und auch immer mehr Mädchen und Frauen. Bodybuilding ist eine Sportart, die Muskelmasse aufbaut. Menschen, die Bodybuilding betreiben, geht es aber nicht so sehr um die Kraft, die sie durch ihre starken Muskeln bekommen, sondern um das Aussehen und um ihre Leistungs-fähigkeit und Ausdauer. Ihr Ziel ist es, einen fitten Kör-per und eine Ausstrahlung zu bekommen, die anderen Menschen signalisiert: „Ich bin erfolgreich."

Bodybuilder wollen einen schönen Körper haben.

Warum sind Muskel-aufbaupräparate so gefährlich?

Auch wenn man noch so viel trainiert — die Größe eines Muskels ist begrenzt. Deshalb nehmen noch immer viele Bodybuilder Medikamente, die das Muskelwachstum anregen. Viele dieser Medika-mente enthalten Hormone und haben gefährliche Nebenwirkungen: Sie schädigen das Herz und die Leber, man wird aggressiv und gereizt. Frauen be-kommen zum Beispiel eine tiefere Stimme und das

Das hilft gegen Muskelkater

Wichtig ist, dass der Muskel ausheilen kann. Wer möchte, kann ein warmes Bad nehmen und den Muskel massie-ren. Am besten ist es, wenn man regel-mäßig trainiert und nicht sofort mit höchster Kraft durchstartet.

Bartwachstum setzt ein. Wer solche Präparate nimmt, schädigt sich also auf vielfältige Weise. Deshalb stehen sie auf der Dopingliste.

Warum bekommt man Muskelkater?

Früher glaubte man, Muskelkater entstünde durch Milchsäure, die sich im Muskel ansammelt, wenn man sich bewegt. Doch das ist nicht richtig. Untrai-nierte Muskeln sind empfindlich; wenn man sie plötzlich stark belastet, kommt es zu kleinen Ris-sen. Bei der Heilung dringt Gewebswasser in die Muskulatur ein, der Muskel schwillt an und tut weh.

Warum ist das Herz unser wichtigster Muskel?

Das Herz ist viel mehr als eine Maschine: Es kann seine Leistung den Anforderungen anpassen. Während es im Ruhezustand mit einem Herz-schlag „nur" rund 70 Milliliter Blut durch den Körper pumpt, sind es, wenn wir uns anstrengen, über 300 Milliliter.

Warum hat das Herz zwei Hälften?

Das Herz hat zwei Aufgaben: Es muss dafür sorgen, dass das Blut Sauerstoff erhält, und es muss den Körper mit Blut versorgen. Diese Aufgaben sind auf zwei Vorhöfe und zwei Herzkammern in jeder Hälfte verteilt: Die Herzkammer auf der rechten Seite pumpt sauerstoffarmes Blut in die Lunge, wo es Sauerstoff „tankt". Wenn das Blut mit Sauerstoff angereichert ist, fließt es in den Vorhof der linken Herzhälfte. Von dort gelangt es in die linke Herzkammer, die es mit viel Kraft in den gesamten Körper pumpt. Der Körper verbraucht den Sauerstoff, das sauerstoffarme Blut kehrt zurück in den rechten Vorhof und wird von der rechten Herzkammer erneut in die Lunge gepumpt. Bestimmt hast du schon viele Herzen gemalt und warst unzufrieden, wenn eine Seite etwas kleiner als die andere war. Nicht ärgern — die Herzhälften sind tatsächlich unterschiedlich groß: Die linke Herzhälfte, die das Blut in den Körper pumpt, ist deutlich größer als die rechte Hälfte.

Das menschliche Herz

Woher „weiß" das Blut, in welche Richtung es fließen muss?

Das Herz funktioniert wie eine Pumpe. Wenn du schon einmal eine Pumpe gesehen hast, weißt du, dass man mit einer Art Sperre verhindern muss, dass die Flüssigkeit wieder zu-rückfließt. Genauso läuft es beim Herzen ab: Hier sorgen Herzklappen dafür, dass das Blut nicht zu-rückfließen kann oder gar zurückgepumpt wird. Es kann passieren, dass die Herzklappen nicht richtig funktionieren. Heute ist dadurch das Leben eines Menschen nicht mehr gefährdet: Es gibt künstliche Herzklappen, die man in das kranke Herz einsetzen kann.

Warum haben viele ältere Menschen einen Herzschrittmacher?

Wenn Menschen älter werden, funktioniert ihr Herz oft nicht mehr so gut wie früher. Es schlägt entweder zu schnell, zu langsam oder unregelmäßig. Solche Herzrhythmusstörungen sind nicht nur unangenehm, sie sind auch gefährlich: Man bekommt Schmerzen in der Brust, ist häufig müde, ringt nach Luft, hat Schwindelgefühle und vieles mehr. Dagegen hilft ein Herzschrittmacher, der den Herzschlag mithilfe eines Computers steuert: Mit einem schwachen Stromimpuls regt er das Herz an, wenn es plötzlich zu schlagen aufhört und lässt das Herz schneller schlagen, wenn man sich anstrengt. Herzschrittmacher werden in den Körper eingepflanzt und haben eine Batterie, die mehrere Jahre hält. Auf diese Weise können viele Herzkranke ein relativ normales Leben führen.

Ein Herzschrittmacher

Blut, Atmung

Was passiert bei einem Herzinfarkt?

Das Herz ist mit sehr vielen Adern durchzogen. Manche davon sind ungeheuer dünn. Normalerweise kann das Blut ohne Probleme durch diese Adern fließen. Allerdings können sich an den Adern Ablagerungen bilden und die Blutbahn verengen oder sogar verstopfen. Dann wird ein Teil des Herzens nicht mehr ausreichend mit Blut und damit auch nicht mehr mit genug Sauerstoff versorgt. Teile des Herzmuskels sterben innerhalb weniger Stunden ab. Je nachdem, wo die Verstopfung auftritt, sind lebenswichtige Teile des Herzmuskels zerstört oder kleinere Bereiche geschädigt. Das Schlimme daran: Das Herz kann sich nicht mehr erholen, denn Herzmuskeln wachsen nicht nach.

Bei verstopften Blutbahnen droht ein Herzinfarkt.

Woraus besteht Blut?

Blut besteht aus Blutplasma, in dem rote und weiße Blutkörperchen sowie die Blutplättchen schwimmen. Die roten Blutkörperchen transportieren den Sauerstoff, die weißen Blutkörperchen bekämpfen Krankheitserreger. Und die Blutplättchen? Sie lassen das Blut gerinnen, das heißt fest werden, wenn wir uns verletzt haben und Blut aus der Wunde tropft.

Warum ist Blut rot?

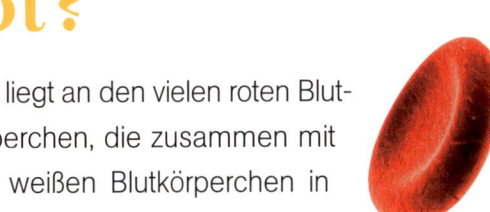

Das liegt an den vielen roten Blutkörperchen, die zusammen mit den weißen Blutkörperchen in der Blutflüssigkeit schwimmen. Auf 1000 rote Blutkörperchen kommt nur ein weißes. Die Farbe des Blutes hängt auch davon ab, ob es mit Sauerstoff angereichert ist oder ob es Kohlendioxid transportiert: Sauerstoffreiches Blut ist rot, Blut mit Kohlendioxid schimmert bläulichrot.

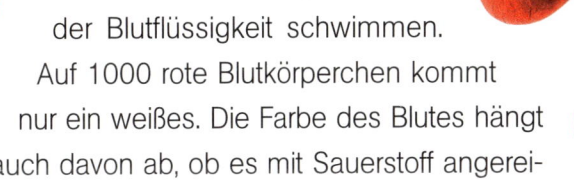

Schlägt unser Herz immer gleich schnell?

Wenn wir ruhig sitzen oder liegen, schlägt unser Herz etwa 40- bis 70-mal in der Minute und pumpt etwa einen Liter Blut in den Körper. Wenn wir sportlich aktiv sind, liegt die Schlagzahl (der Puls) deutlich höher. In einer Minute werden dann bis zu 60 Liter Blut weitergepumpt. Zusammengerechnet schlägt das Herz rund 100.000-mal am Tag. Nachts sind Herzschlag und Körpertemperatur am niedrigsten.

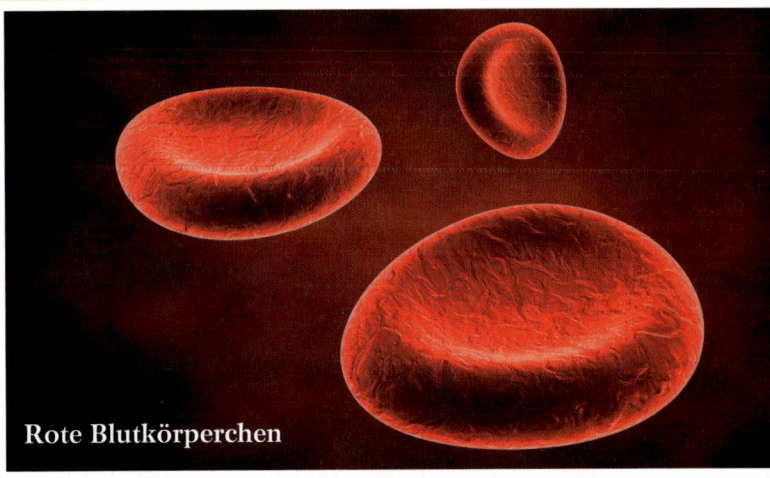

Rote Blutkörperchen

Welche Aufgaben hat das Blut?

Das Blut bringt Sauerstoff in die Zellen und transportiert Kohlendioxid zur Lunge. Doch das ist längst nicht alles: Blut versorgt die Zellen mit Nährstoffen und bringt die Abfallprodukte zu den Organen, die sie entsorgen. Darüber hinaus verteilt es Hormone, das sind chemische Botenstoffe, im Körper. Hormone sind unter anderem dafür verantwortlich, wie groß ein Mensch wird und wann er sich von einem Kind zu einem Erwachsenen entwickelt.

Wie kommt das Blut in alle Körperteile?

Unser Körper wird über die Blutbahnen, die auch Adern genannt werden, mit Blut versorgt. Man unterscheidet zwischen Arterien und Venen. Arterien leiten das Blut, das von der Lunge mit Sauerstoff angereichert ist, in alle Körperteile. Wenn es den Sauerstoff abgegeben und Kohlendioxid aufgenommen hat, wird es in den Venen wieder zurück zum Herzen und von dort in die Lunge befördert. Die Blutbahnen sind unterschiedlich dick — je nachdem, wie viel Blut in ihnen fließt. Die Arterie, die das Blut vom Herzen in den Körper pumpt, ist mehr als fingerdick. Sie heißt Aorta. Die dünnsten Adern haben einen Durchmesser von nur sieben bis zehn tausendstel Millimetern. Sie werden Haargefäße oder Kapillaren genannt.

Warum sollte jeder seine Blutgruppe kennen?

Auch wenn es bei jedem gleich aussieht — Blut ist nicht gleich Blut. Jeder von uns gehört einer bestimmten Blutgruppe an. Es gibt vier Blutgruppen, die A, B, AB und 0 genannt werden. Während bei uns die Blutgruppen A und 0 die häufigsten sind, ist es in Asien die Gruppe B. Wer eine Blutspende benötigt, darf nur Blut der eigenen Blutgruppe oder das Blut der Blutgruppe 0 übertragen bekommen. Erhält man Blut einer anderen Blutgruppe, die man nicht verträgt, dann verklumpt das Blut. Deshalb ist es gut zu wissen, welcher Blutgruppe man angehört.

Haben Menschen, die unter Blutarmut leiden, zu wenig Blut?

Nein, es mangelt nur an einem Bestandteil des Blutes, nämlich an roten Blutkörperchen. Blutarmut kann viele Ursachen haben — manchmal liegt es daran, dass jemand sehr häufig Nasenbluten oder andere starke Blutungen hat. Es kann aber auch daran liegen, dass das Knochenmark nicht genügend rote Blutkörperchen bildet. In den meisten Fällen steckt Eisenmangel dahinter. Diese Art der Blutarmut kann man heutzutage mit der richtigen Ernährung und Eisentabletten gut behandeln.

Unser Körper ist von Adern durchzogen.

Blut, Atmung

Nasenbluten kann die Ursache von Blutarmut sein.

Ab welcher Menge ist ein Blutverlust lebensbedrohlich?

Blut ist lebenswichtig! Auch wenn im Körper jedes Erwachsenen fünf bis sechs Liter Blut fließen, ist es bereits lebensgefährlich, wenn bei einer Verletzung etwa ein Liter verloren geht. Dabei ist es egal, ob

das Blut nach außen abfließt oder nicht — auch innere Blutungen können tödlich sein. Tod durch Blutverlust nennt man Verbluten.

Was sind innere Blutungen?

Jeder von uns hatte schon einmal innere Blutungen — blaue Flecken, auch Blutergüsse genannt, sind ein Beispiel dafür. Sie entstehen, wenn ein Blutgefäß verletzt wird, etwa durch eine Prellung oder einen Sturz. Dabei tritt Blut aus, und weil die Haut unverletzt ist, blutet es in den Körper hinein. Wenn jemand zu wenige Blutplättchen hat, kann es ebenfalls zu inneren Blutungen kommen. Doch keine Angst: Ein Arzt kann mithilfe einer Transfusion dem Blut die fehlenden Blutplättchen hinzugeben.

Wenn ein blauer Fleck verheilt, verfärbt er sich.

Was ist eine Blutvergiftung?

Von einer Blutvergiftung spricht man, wenn sich Keime über Blut- und Lymphbahnen im ganzen Körper ausbreiten und die Organe schädigen. Meistens sind äußere Wunden daran schuld. Sie verursachen eine Infektion, die der Körper allein nicht mehr bekämpfen kann. Eine Blutvergiftung ist eine ernsthafte Krankheit: Wer sich verletzt hat, anschließend bläuliche Striche oder Streifen an der Haut der Arme und Beine bekommt und unter hohem Fieber und Schüttelfrost leidet, muss sofort zum Arzt. Wie kann man einer Blutvergiftung vorbeugen? Am besten ist es, wenn man jede Wunde desinfiziert, also von Keimen reinigt.

Erst blau, dann grün und gelb

Warum ist das Blut, das bei einem Bluterguss in den Muskel dringt, nicht rot? Wir bekommen blaue Flecken, weil das Muskelgewebe dem Blut Sauerstoff entzieht — das Blut wird blau. Wenn sich der Bluterguss grün und gelb färbt, ist das ein Zeichen dafür, dass der rote Blutfarbstoff abgebaut wird und die verletzten Kapillaren heilen.

Warum sollte man Blut spenden?

Ungefähr zwei Drittel aller Menschen, also etwa 66 von 100 Menschen, brauchen Blut oder Medikamente, die aus Blut hergestellt werden. Deshalb kann eine Blutspende Leben retten. Dabei werden etwa 450 Milliliter Blut aus der Vene entnommen. Kinder und Jugendliche dürfen kein Blut spenden. Das ist nur gesunden Erwachsenen von 18 bis 68 Jahren erlaubt. Um sicher zu sein, dass das gespendete Blut keine Keime enthält, mit denen sich andere anstecken können, wird der Blutspender vorher untersucht. Auch das gespendete Blut wird mehrmals geprüft, bevor es verwendet wird.

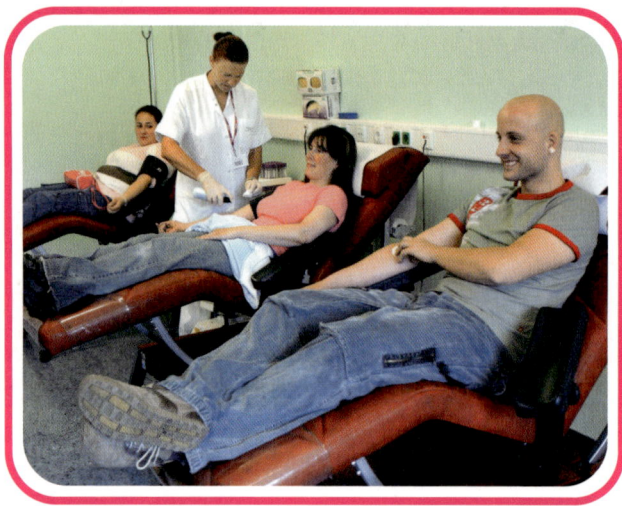

Blutspenden können Leben retten.

Was passiert mit einer Blutspende?

Blutspenden werden in sogenannten Blutbanken gesammelt und dort konserviert, das heißt haltbar gemacht. Jedes Krankenhaus hat eine eigene kleine Blutbank für ihre Patienten. Daneben gibt es größere Blutbanken, die die Krankenhäuser mit Blutkonserven versorgen.

Was ist die Bluterkrankheit?

Stellt dir vor, du schneidest dich in den Finger. Eigentlich nicht schlimm — Pflaster drauf und bald ist die Sache vergessen. Das ist bei Bluterkranken anders: Ihre Wunden hören nicht auf zu bluten. Warum? In ihrem Blut fehlen Bausteine, die das Blut gerinnen lassen, wenn es aus einer Wunde austritt. Diese Krankheit ist zum Glück nicht ansteckend, sie wird aber vererbt. Es sind fast nur Jungen und Männer davon betroffen. Früher war die Bluterkrankheit lebensbedrohlich. Heute kann man die fehlenden Teile des Blutes mit einer Bluttransfusion übertragen. Trotzdem müssen Bluterkranke sehr vorsichtig sein und sich so gut wie möglich vor Verletzungen schützen.

Was kann ein Arzt feststellen, wenn er den Blutdruck misst?

Damit das Blut durch den Körper fließen kann, muss das Herz ihm einen Schub verpassen. Dieser Schub ist der Druck, mit dem das Blut in die Arterien gepumpt wird. Wie groß der Blutdruck ist, kann man am Puls messen. Je nachdem, ob und wie stark wir uns körperlich anstrengen, steigt oder sinkt der Blutdruck. Bei einem dauerhaft niedrigen Blutdruck fühlt man sich müde und schlapp. Niedriger Blutdruck ist aber ungefährlich. Krankhaft dagegen ist dauerhaft hoher Blutdruck.

Der Arzt misst den Blutdruck.

Blut, Atmung

Dann werden die Blutgefäße, das Herz und die übrigen Organe geschädigt. Das Risiko, dass man einen Gehirnschlag oder einen Herzinfarkt erleidet, steigt. Anhand des Blutdrucks kann der Arzt feststellen, wie gut der Kreislauf funktioniert und ob Organe möglicherweise geschädigt sind.

Warum müssen wir gähnen?

Jeder tut es täglich, aber warum wir gähnen, ist noch nicht erforscht. Fest steht nur, dass Gähnen ansteckend ist: Wenn wir sehen, wie jemand gähnt, dann spüren wir sehr bald das gleiche Bedürfnis und machen den Mund weit, weit auf.

Gähnen ist ansteckend.

Verursachen Krampfadern Krämpfe?

Nein, Krämpfe verursachen Krampfadern nicht. Am häufigsten treten Krampfadern an den Beinen auf. Es sind Blutgefäße, die dicht unterhalb der Haut geschlängelt verlaufen. Das Problem bei den Krampfadern sind aber nicht die zahlreichen Windungen. Nur Venen, das heißt Blutbahnen, die Blut zum Herzen zurücktransportieren, können sich zu Krampfadern entwickeln. Dabei funktionieren die Klappen, die in der Vene liegen und das Blut am Zurückfließen hindern, nicht mehr. Die Folge: Das Blut staut sich in den Beinen, die Beine tun weh und es können sich Blutgerinnsel bilden.

Wie atmen wir?

Wenn wir atmen, strömt Luft über Nase oder Mund in die Luftröhre und von dort aus in die Bronchien der Lunge. Die Bronchien produzieren Schleim, der Staub und andere Fremdkörper aus der eingeatmeten Luft herausfiltert. Sie verzweigen sich in den beiden Lungenflügeln in immer feinere Äste. Schließlich gelangt die Luft in die Lungenbläschen. Sie sind von kleinsten Blutgefäßen mit unvorstellbar dünnen Wänden durchzogen. In den Lungenbläschen findet der sogenannte Gasaustausch statt: Die roten Blutkörperchen geben Kohlendioxid ab und nehmen Sauerstoff auf. Beim Ausatmen strömt Kohlendioxid aus dem Körper.

Wir atmen über die Lunge.

Wissenswertes über die Atmung

Bei jedem Atemzug atmen wir einen halben Liter Luft ein und aus. Umgerechnet sind das sechs bis neun Liter Luft pro Minute und rund 10.000 Liter pro Tag. Je jünger ein Mensch ist, desto häufiger atmet er ein und aus: Bei Erwachsenen sind es in einer Minute zwölf bis 18 Atemzüge, bei Jugendlichen 20, bei Kleinkindern 25 Atemzüge — Neugeborene atmen besonders oft: 40- bis 60-mal pro Minute.

Was ist der Unterschied zwischen Bauch- und Brustatmung?

Der Unterschied liegt in der Technik. Bei der Brustatmung werden beim Einatmen die Zwischenrippenmuskeln angespannt. Die Rippen heben sich, damit vergrößert sich der Brustraum und die Lungenflügel dehnen sich aus. Bei der Bauchatmung wird das Zwerchfell angespannt. Das Zwerchfell ist der Muskel, der den Oberkörper in den Brust- und den Bauchraum teilt. Wenn sich das Zwerchfell zusammenzieht, wird der Brustkorb auseinandergezogen und die Lungenflügel blähen sich auf. Wenn wir ausatmen, erschlafft das Zwerchfell und wölbt sich nach oben. Wann atmet man wie? Brust- und Bauchatmung sind nicht voneinander getrennt, sondern werden gleichzeitig zum normalen Atmen benötigt. In Ruhe überwiegt die Bauch-, wenn wir uns anstrengen, die Brustatmung.

Warum ist Feinstaub so gefährlich?

Feinstaub ist so gefährlich, weil er aus ungeheuer kleinen Partikeln besteht. Diese winzigen Teile — sie sind zehnmal dünner als ein Haar — werden nicht von der Nase und den Bronchien abgefangen, sondern dringen bis in die feinsten Verästelungen der Lunge vor und schädigen sie. Über die Blutbahn gelangen sie in alle Organe. Häufig haften am Feinstaub Chemikalien, die sehr schwere Krankheiten bis hin zu Lungenkrebs auslösen können.

In Autoabgasen befindet sich Feinstaub.

Wie verhindert der Körper, dass Schmutz in die Lunge kommt?

Unsere Atemwege funktionieren wie ein Filter: Größere Partikel filtert die Nase mit ihren kleinen Haaren und dem Naschenschleim. Was dort nicht hängen bleibt, klebt am Schleim der Bronchien. Feine Härchen, die sich hin und her bewegen, befördern den Staub samt Schleim einfach über die Nase wieder heraus.

Warum müssen wir auch im Schlaf atmen?

Unser Körper muss rund um die Uhr mit Sauerstoff versorgt werden. Gleichzeitig muss Kohlendioxid entsorgt werden, sonst würden die Zellen absterben. Das ist besonders für die Gehirnzellen wichtig. Werden sie nicht richtig versorgt, beginnen sie bereits nach drei Minuten abzusterben. Weil wir den lebensnotwendigen Sauerstoff nicht speichern können, müssen wir rund um die Uhr atmen, also auch im Schlaf.

Auch im Schlaf brauchen wir Sauerstoff.

Blut, Atmung

Wissenswertes über die Lunge

Die beiden Lungenflügel sind nicht gleich groß. Die rechte Lunge hat drei, die linke nur zwei Lungenlappen. Sie ist damit auch kleiner und etwa 100 Gramm leichter. Warum? Das Herz, das sich auf der linken Körperseite befindet, braucht Platz!

Wo gibt es gute Luft?

Draußen! Häufig ist die Raumluft belastet — Boden, Möbel, Wandfarben und Lacke können unterschiedliche Schadstoffe an die Raumluft abgeben. Dazu kommen Sporen von Schimmelpilzen und Staub. Was hilft? Lüften! Am besten ist es, mehrmals täglich die Luft durch jeden Raum ziehen zu lassen, sodass sie vollständig ausgetauscht wird. Gute Luft ist besonders wichtig für Menschen, die unter Asthma oder Allergien leiden. Ihnen hilft es oft, wenn sie sich eine Zeit lang in einem Gebiet aufhalten, in dem es keine Pollen und kaum Hausstaubmilben gibt. Solche Gebiete nennt man Reinluftgebiete. Viele Reinluftgebiete gibt es an Küsten oder im Hochgebirge.

Ersticken wir, wenn wir lange die Luft anhalten?

Nein, zum Glück nicht. Das Atemzentrum im Gehirn misst ständig den Anteil an Kohlendioxid im Blut. Kohlendioxid ist der Stoff, den wir ausstoßen, wenn wir ausatmen. Wenn der Gehalt dieses Stoffes im Blut zu hoch wird, gibt das Gehirn den Befehl, die Lungentätigkeit zu verstärken. Diesen Mechanismus können wir zwar kurzfristig anhalten, zum Beispiel wenn wir tauchen, aber ganz abschalten können wir ihn nicht. Irgendwann atmen wir automatisch weiter.

Warum geraten wir außer Atem, wenn wir uns anstrengen?

Bei jeder Anstrengung, vor allem wenn wir Sport treiben oder körperlich schwer arbeiten, wird Energie verbraucht. Diese Energie steht dem Körper in Form von Traubenzucker und Fett zur Verfügung. Um die Energie zu „verbrennen", das heißt in Muskelkraft umzusetzen, benötigt der Körper Sauerstoff. Je mehr Energie der Körper mobilisiert, desto mehr Sauerstoff brauchen wir. Um den Bedarf an Energie zu decken, müssen wir sehr viel häufiger und auch tiefer ein- und ausatmen. Dabei kann es schon mal passieren, dass wir außer Puste geraten.

Beim Sport brauchen wir mehr Sauerstoff.

Warum bekommt man eine ulkige Stimme, wenn man Luftballongas einatmet?

Luftballons, die nach oben steigen, sind mit Helium gefüllt. Helium ist ein Gas, das leichter ist als Luft. Wenn wir sprechen, dann erzeugen wir Schallwellen, die sich mit einer bestimmten Geschwindigkeit durch die Luft bewegen. Das eingeatmete Helium bietet den Schallwellen weniger Widerstand, sodass sie sich schneller bewegen. Unsere Stimme klingt, als würden wir ein Tonbandgerät schneller laufen lassen. Wir hören uns dann an wie Micky Maus oder Donald Duck. Sei aber vorsichtig — Helium ist in größeren Mengen gesundheitsschädlich.

Man sollte immer zu zweit tauchen.

Mit Helium klingt man wie Micky Maus.

Was ist ein Tiefenrausch?

Ein Tiefenrausch fühlt sich wie ein „richtiger" Rausch an. Nur braucht man dafür keinen Alkohol. In der Atemluft ist außer Sauerstoff auch Stickstoff enthalten. Über Wasser spielt das keine Rolle. Ab einer bestimmten Tauchtiefe — so etwa ab 30 Metern — wird die Luft aus der Sauerstoffflasche unter einem hohen Druck eingeatmet. Die Folge ist, dass der Stickstoff in den Blutkreislauf gelangt und so die Funktionen der Körper-, vor allem der Gehirnzellen beeinträchtigt. Man spricht dann von einer Stickstoffvergiftung. Die Auswirkungen können sehr gefährlich sein und sind bei jedem Taucher verschieden. Manche fühlen sich nur leicht benommen, andere halten sich plötzlich für einen Fisch oder fühlen sich geradezu magisch vom Meeresgrund angezogen. Weil der Taucher sein Verhalten bei einem Tiefenrausch nicht mehr richtig kontrollieren kann, muss er immer einen zuverlässigen Tauchpartner dabeihaben.

Warum müssen Taucher langsam auftauchen?

Wenn ein Taucher mit einer Sauerstoffflasche in die Tiefe taucht, ist er durch das Wasser einem hohen Druck ausgesetzt. Wenn man zu schnell auftaucht, entstehen im Körper lauter kleine Bläschen. Das passiert, weil der Druck nachlässt. Die Bläschen bestehen aus Gasen, die durch den Druck aus dem Körpergewebe gelöst wurden. Sie

Blut, Atmung

verursachen Hautjucken oder können sogar das zentrale Nervensystem schädigen. Das nennt man Taucherkrankheit. Damit die Bläschen langsam wieder aus dem Körper weichen, muss der Taucher entsprechend langsam auftauchen und in bestimmten Tiefen einen sogenannten Deko-Stopp einlegen. Die Zeit zum Auftauchen muss der Taucher unbedingt mit einberechnen, damit ihm die Luft in der Flasche ausreicht.

Warum trainieren viele Sportler in großen Höhen?

Menschen, die auf einer Hochebene leben, haben mehr rote Blutkörperchen als Menschen, die weiter unten leben. Warum? Je höher man steigt, desto stärker nimmt der Luftdruck ab. Und je geringer der Druck, desto weniger Sauerstoff können die roten Blutkörperchen aufnehmen. Um den Körper dennoch ausreichend mit Sauerstoff zu versorgen, bildet das Knochenmark eine größere Anzahl roter Blutkörperchen. Sie transportieren dann dieselbe Menge Sauerstoff wie bei Menschen, die in tieferen Lagen leben. Sportler nutzen dies, um ihre Leistungen zu verbessern: Sie trainieren eine Weile im Höhenlager, wobei sich mehr rote Blutkörperchen bilden. Wenn sie dann an einem Wettkampf in tieferen Lagen teilnehmen, können sie viel besser durchatmen und leichter Energie mobilisieren.

Sport macht Spaß und ist gesund.

Kann man auch mit Asthma Sport treiben?

Aber sicher! Asthma und Bronchitis sind kein Grund, um sich vom Sportunterricht befreien zu lassen. Wer regelmäßig trainiert, hilft damit seiner Lunge — das gilt auch für Menschen, die unter Atembeschwerden leiden. Wichtig ist auf jeden Fall, dass Asthmatiker vor dem Sport ein Medikament inhalieren, das ihre Bronchien erweitert. Wer will, kann sich einer speziellen Sportgruppe für Lungenpatienten anschließen. Dort findet man nicht nur Leute, denen es ähnlich geht, sondern auch ein Sportprogramm, das auf die Atemprobleme abgestimmt ist.

Warum ist Sport so wichtig?

Wer sich bewegt, fühlt sich wohler und ist gesünder. Außerdem bekommt man gute Laune durch Sport. Das liegt an den sogenannten Glückshormonen, die der Körper ausschüttet und die die Stimmung anheben. Auch Stress wird dabei abgebaut. Außerdem regt Bewegung den Stoffwechsel an, Fett wird verbrannt und Muskeln werden aufgebaut. Durch regelmäßiges Training bekommst du mehr Abwehrkräfte und wirst nicht so schnell krank. Die Blutzufuhr ins Gehirn wird auch gesteigert, was bedeutet, dass mehr Blut durch den Kopf fließt. Und das ist wiederum gut fürs Denken.

Sport und Bewegung

Zugegeben, es macht Spaß und ist gemütlich: sich auf dem Sofa mit einer Tüte Chips und Popcorn lümmeln und im Fernsehen ein Fußballspiel anschauen. Doch leider wird man vom Sportgucken allein noch keine Sportskanone. Im Gegenteil: Man wird dick!

Alarmzeichen! Wenn dir bereits leichte körperliche Anstrengungen schwer fallen, dann ist es um deine Fitness schlecht bestellt: Wahrscheinlich kannst du dich auch nicht gut konzentrieren, weißt oft nichts mit dir anzufangen und fühlst dich schnell gestresst.

Wie fit werden? Viele Menschen stellen sich einen Trainingsplan zusammen und absolvieren jeden Tag ein festes Sportprogramm. Doch so intensiv solltest du nicht einsteigen. Versuche zunächst einmal, dich im Alltag mehr zu bewegen. Gib dir einen Ruck und strampele mit dem Fahrrad zu Freunden, anstatt mit dem Bus zu fahren. Gehe zu Fuß zur Schule oder nimm den Roller.

Bewegung beginnt im Alltag

Sport und Bewegung gehören zusammen. Wer sich im Alltag nur „auf Sparflamme" bewegt und sich jeden Schritt zweimal überlegt, der kommt im Schulsport schon beim Aufwärmen aus der Puste. Das ist nicht nur lästig und peinlich, es ist ein

Fahrradfahren macht fit.

Sport macht gute Laune

Warum sind Bewegung und Sport so wichtig? Sport wirkt sich auf den Körper und auf die Psyche positiv aus. Wir fühlen uns einfach wohler, wenn unser Körper fit und beweglich ist. Bewegung sorgt dafür, dass sich der Körper überhaupt erst richtig entwickeln kann: Wer sich als Kind oder Jugendlicher viel und gern bewegt, profitiert sein

Sportgucken macht noch nicht sportlich.

ganzes Leben davon. Das trifft besonders zu, wenn es um den Schutz vor Unfällen geht. Wer zum Beispiel gelernt hat, zu balancieren oder schnelle Bewegungsabläufe zu meistern, kann im Alltag besser reagieren und vermeidet so manchen Unfall. Kinder, die nur herumsitzen, sind oft ungeschickt, haben Übergewicht und werden deswegen gehänselt. Sport ist eine Möglichkeit, seine Grenzen auszutesten. Wer sich zum Beispiel beim Fußballspielen oder beim Turnen anstrengt, spürt, wie sein Körper funktioniert: Das Herz schlägt wie wild, man ringt nach Atem, das Blut pocht in den Adern. Doch das ist nicht alles: Sport und Bewegung machen schlau und sorgen dafür, dass du „gut drauf" bist. Wenn du dich bewegst, verändert sich das Gehirn: Nervenzellen werden vernetzt und es bilden sich Synapsen. Zugleich werden Botenstoffe wie Adrenalin, Dopamin und Serotonin ausgeschüttet. Sie bewirken, dass das Gehirn mehr Sauerstoff erhält und so besser arbeiten kann. Gleichzeitig ist man innerlich locker: Serotonin ist ein Glückshormon, das hilft Ängste abzubauen und das Selbstvertrauen steigert.

Sport gibt Selbstvertrauen.

Wie findest du die richtige Sportart?

Einsam beim Joggen seine Runden zu drehen, ist nicht jedermanns Sache. Für Kinder und Jugendliche ist es fast immer spannender, wenn sie mit Freunden oder in einer Mannschaft Sport treiben. Im Sportverein lernt man viele Leute kennen und findet meistens schnell Freunde. Hier kann man Gemeinschaft erleben, Ehrgeiz entwickeln und lernen, mit Konkurrenz klarzukommen. Höre dich bei deinen Freunden, den Kindern und Jugendlichen in der Nachbarschaft um. Wer macht welchen Sport, ist in welchem Verein? Was sollte man können, wenn man mitmachen möchte? Manche Sportarten sind schwieriger und man braucht ein bisschen Talent. Bei den meisten Teamsportarten

Im Team findet man oft Freunde.

kann aber jeder mit etwas Übung mitmachen. Nur nicht den Mut verlieren, wenn es am Anfang noch nicht so gut klappen sollte. Niemand wird als Champion geboren, jeder muss erst einmal trainieren. Wichtig ist, dass dir deine neue Sportart Spaß macht. Viele Vereine bieten Schnupperstunden, bei denen du verschiedene Sportarten ausprobieren kannst, bevor du dich entscheidest. Zugleich lernst du dabei die Trainer und Mannschaftskameraden kennen.

Welchen Weg legt das Essen in unserem Körper zurück?

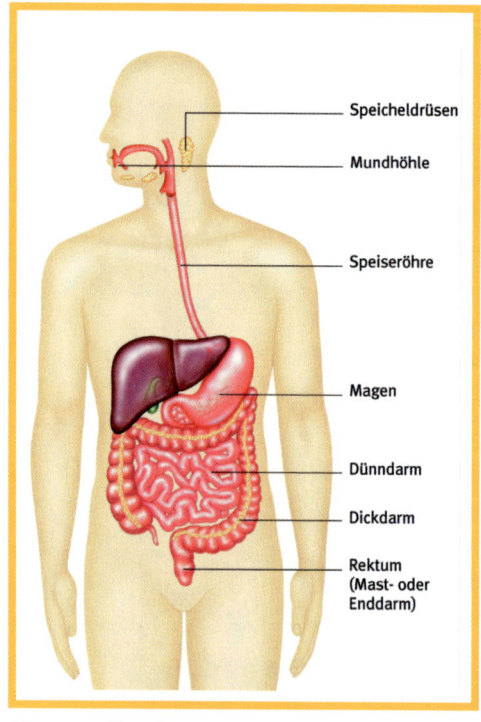

Unsere Verdauungsorgane

Speicheldrüsen
Mundhöhle
Speiseröhre
Magen
Dünndarm
Dickdarm
Rektum (Mast- oder Enddarm)

Wenn wir essen und trinken, nehmen wir die Nahrung mit dem Mund auf. Dann gelangt die Speise über den Rachen in die Speiseröhre und von dort aus in den Magen. Nun folgt der Darm, der in Zwölffingerdarm, Dünndarm, Blinddarm, Dickdarm und Mastdarm eingeteilt ist. Dabei legt die Nahrung einen Weg von rund sieben Metern zurück. Mit vier bis fünf Metern ist der Dünndarm der längste Abschnitt. Schließlich kommen aus dem Po die unbrauchbaren Reste wieder heraus.

Wie lange bleibt die Nahrung in den Verdauungsorganen?

Das hängt davon ab, was wir essen. Manche Nahrungsmittel sind schwer verdaulich. Dann ist der Körper länger damit beschäftigt, Energie daraus zu gewinnen. Im Allgemeinen geht man davon aus, dass die einzelnen Organe mindestens einen halben Tag für die Verdauung einer Mahlzeit brauchen, es kann aber auch mehrere Tage dauern. Im Magen bleibt die Nahrung etwa zwei bis drei Stunden, im Dünndarm zwei bis vier Stunden. Am längsten ist sie im Dickdarm, der zwischen zehn Stunden und mehrere Tage für die Verdauung benötigen kann. Im Durchschnitt dauert es 24 Stunden, bis eine ausgewogene Mahlzeit vollständig verdaut ist.

Welche Nahrungsmittel sind leicht, welche schwer verdaulich?

Zu den schwer verdaulichen Nahrungsmitteln gehören zum Beispiel Hülsenfrüchte wie Erbsen und Bohnen, ferner Kohlarten wie Weißkohl, Grünkohl, Rotkraut und Sauerkraut. Dazu kommen hart gekochte Eier, frisches Brot, Zwiebeln, sehr fetthaltiges Essen wie Chips und Pommes frites sowie stark gewürztes, fettes Fleisch. Leicht und schnell verdaulich sind Speisen wie Karotten, fettarme Milch, Reis, Nudeln, Pell- und Salzkartoffeln sowie mageres Fleisch. Leicht verdauliche Speisen beugen Blähungen vor und sie belasten den Körper weniger. Wer abends warm isst, kann besser schlafen, wenn er leicht verdauliche Speisen zu sich nimmt. Außerdem sollte man langsam essen und gründlich kauen.

Fettes Essen ist schwer verdaulich.

Verdauung

Was geschieht mit der Nahrung, wenn sie verdaut wird?

Die Nahrung wird im Körper zu Energie umgewandelt. Diesen Prozess nennt man Stoffwechsel. Alle Körperteile, vor allem Gehirn und Muskeln, brauchen für ihre Leistungen Energie. Unsere Nahrungsmittel enthalten Energie in unterschiedlicher Form, als Eiweiß, Kohlenhydrate und Fett. Damit der Körper die Energie verwerten kann, müssen die Nahrungsmittel mithilfe von Enzymen, das sind spezielle Körpersäfte, in kleinste Bestandteile zerkleinert werden. Unverdauliche Stoffe werden wieder ausgeschieden.

Wozu dienen Verdauungsorgane?

Jedes Verdauungsorgan hat bestimmte Aufgaben. Die Verdauung beginnt bereits im Mund: Dort wird die Nahrung mit den Zähnen und der Zunge zerkleinert. Während wir kauen, vermischt sich der Nahrungsbrei mit Speichel. Er macht die Masse nicht nur geschmeidig, sondern zerlegt sie in Bausteine, die dem Körper als Energie zur Verfügung stehen: Der Speichel enthält das Enzym Amylase, das Stärke, ein Kohlenhydrat, vorverdaut. Die übrigen Nährstoffe können jedoch nicht bereits im Mund gelöst und aufgenommen werden — dafür sind die übrigen Verdauungsorgane da.

Warum bekommt man vom Kaugummikauen Hunger?

Durch das Kauen von Kaugummi wird die Speichelproduktion angeregt. Der Magen erhält das Signal „Achtung, fertig machen zum Verdauen" — und produziert mehr Magensäure. Dadurch werden die „Restbestände" im Magen schneller verarbeitet. Weil aber dem Magen nur etwas vorgegaukelt wird, bekommt man Hunger.

Kaugummikauen macht hungrig.

Warum knurrt der Magen, wenn wir Hunger haben?

Der Magen arbeitet ununterbrochen. Das bedeutet, er zieht sich rhythmisch zusammen, um Nahrung zu zerkleinern und nach unten zu befördern. Wenn der Magen knurrt, ist das ein Zeichen dafür, dass er keine Nahrung mehr zur Verfügung hat. Der Magen ist sozusagen leer, denn er enthält nur noch Luft. Meistens haben wir dann Hunger. Das Grummeln ist also nichts Schlimmes, es zeigt nur, dass der Magen aktiv ist. Gegen Magenknurren hilft nur eines: etwas essen!

Was passiert, wenn man sich **verschluckt?**

Im Rachen befinden sich zwei Röhren, die Luftröhre und die Speiseröhre. Wenn wir uns verschlucken, dann gelangt Speise in den Kehlkopf und von dort in die Luftröhre. Was geschieht? Wir husten, um zu verhindern, dass der Fremdkörper in die Lunge gerät.

Kann man auch im Kopfstand **essen?**

Es mag zwar etwas unbequem sein — aber es funktioniert. Eigentlich müsste das Essen ja aufgrund der Schwerkraft aus dem Mund fallen. Der Schluckreflex sorgt aber dafür, dass es trotzdem gelingt: Sobald die Zunge den zerkauten Bissen an den Gaumen und in den Rachen drückt, schlucken wir automatisch.

Wir können auch im Kopfstand essen.

Warum bleibt das Essen nicht in der Speiseröhre **stecken?**

Das liegt an der Art, wie die Speiseröhre, der Magen und der Darm die Nahrung weiterbefördern. Diese Organe ziehen sich von oben nach unten wie ein Schlauch zusammen und drücken dabei die Nahrung vorwärts. Diesen Vorgang nennt man Kontraktion. Ein Bissen wird in mehreren Kontraktionswellen weiterbefördert. In einer Sekunde legt eine Kontraktionswelle in der Speiseröhre zweieinhalb bis fünf Zentimeter zurück. Es dauert also immer mehrere Sekunden, bis ein Bissen vom Rachen in den Magen gelangt.

Warum stößt es uns manchmal **sauer auf?**

An der Speiseröhre befinden sich oben und unten Schließmuskeln, die wie ein Ventil wirken. Wenn wir essen und schlucken, verhindert der untere Schließmuskel, dass der Speisebrei aus dem Magen in den Mund zurückläuft. Manchmal funktioniert dieses Ventil nicht mehr richtig. Wenn wir zum Beispiel zu viel gegessen haben und der Magen zu voll ist, wird der saure Speisebrei wieder die Speiseröhre hinaufgedrückt. Das nennt man dann Sodbrennen.

Ist der Magen zu voll, bekommt man leicht Sodbrennen.

Warum muss man rülpsen, wenn man viel gegessen **hat?**

Wir rülpsen, weil wir beim Essen und Trinken Luft schlucken. Die Luft entweicht größtenteils wieder über die Speiseröhre nach oben. Wenn man sehr

Verdauung

viel gegessen und entsprechend viel Luft geschluckt hat, dann öffnet sich der Muskel, der im Mund den Zugang zur Speiseröhre verschließt. Der Luftstrom saust an einem Hindernis im Hals und Rachen vorbei, dabei entsteht das typische Rülpsgeräusch. Besonders laut ist es, wenn man im Moment des Rülpsens den Mund offen hat.

Warum sollen wir nach dem Essen nicht ins kalte Wasser springen?

Nach dem Essen strömt ein Großteil des Bluts in die Verdauungsorgane. Wenn wir dann plötzlich ins kalte Wasser springen, muss sich der Körper wieder aufheizen. Dazu benötigen nun auch die Muskeln viel Blut — das Gehirn wird nicht mehr ausreichend versorgt. Schwindelgefühl und sogar Ohnmacht können die Folgen sein. Das ist im Wasser natürlich besonders gefährlich.

Wie arbeitet der Magen?

Der Magen ist ein Hohlmuskel, der wie ein J geformt ist. Wenn die Nahrung in den Magen kommt, wird sie weiter zerkleinert. Dafür zieht sich der Magen immer wieder zusammen. Im Magen wird das Essen zwei bis vier Stunden lang zu Brei gemischt. Der Magen enthält Drüsen, die täglich rund zwei Liter Magensaft produzieren. Darunter ist das Enzym Pepsin, das die Eiweiße aus

Der Magen ist wie ein J geformt.

der Nahrung in kleinste Bausteine (Moleküle) aufspaltet, sodass der Körper sie gut aufnehmen kann. Ferner enthält der Magensaft Salzsäure. Sie tötet Krankheitserreger. Wenn die Nahrung im Magen verdaut ist, wird sie in einzelnen Portionen in den Zwölffingerdarm abgegeben.

Woher hat der Zwölffingerdarm seinen Namen?

Der Zwölffingerdarm ist der obere Teil des Dünndarms und schließt direkt an den Magen an. Er hat diesen Namen, weil er so lang wie zwölf Finger ist, wenn man sie nebeneinanderlegt, also etwa 25 Zentimeter. In den Zwölffingerdarm münden die Leitungen der Gallenblase und der Bauchspeicheldrüse, die mehr als zwei Liter Verdauungssäfte in den Zwölffingerdarm fließen lassen. Die Enzyme, die darin enthalten sind, spalten die Kohlenhydrate weiter auf, sodass sie der Körper aufnehmen kann. Außerdem zerlegen sie Eiweiße und Fette.

Wie schützt sich der Magen davor, dass er sich selbst verdaut?

Weil die Magensäfte so stark wirken, ist der Magen mit einer Schleimhaut ausgekleidet. Die Schleimhaut muss alle drei Tage neu gebildet werden. Sie schützt den Magen davor, dass die Säuren und Magensäfte direkt mit der Magenwand in Berührung kommen und sie angreifen.

Produziert die Bauchspeicheldrüse Speichel für den Bauch?

So wie der Speichel im Mund Nahrung verdaut, zerlegen die Enzyme in der Bauchspeichelflüssigkeit die Nahrung in kleinste Bestandteile. Die Bauchspeicheldrüse produziert etwa 30 verschiedene Enzyme, von denen Amylase, Trypsin und Lipase die wichtigsten sind. Sie helfen, Kohlenhydrate, Eiweiße und Fette zu verdauen. Außerdem bildet die Bauchspeicheldrüse ein sehr wichtiges Hormon, Insulin. Insulin regelt den Gehalt an Zucker im Blut. Wenn zu wenig oder kein Insulin mehr produziert wird, steigt der Zuckergehalt im Blut sehr rapide. Diese Erkrankung nennt man Zuckerkrankheit oder Diabetes. Diabetiker müssen eine spezielle Diät halten und Insulin spritzen.

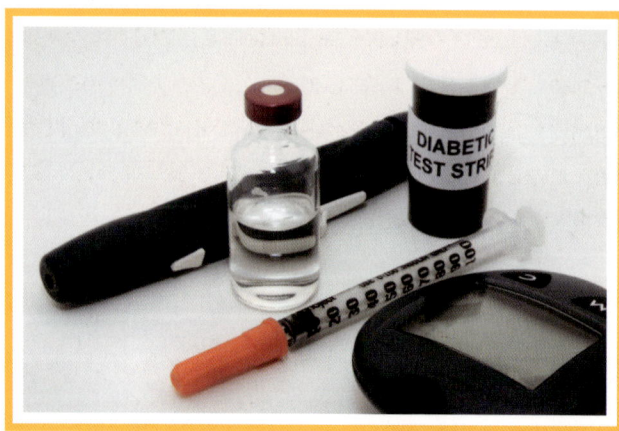

Diabetiker müssen Insulin spritzen.

Was ist der Unterschied zwischen Dick- und Dünndarm?

Ihre Bezeichnungen liefern bereits eine Antwort darauf: Der Dünndarm ist, zumindest im Vergleich zum Dickdarm, dünn. Doch das ist nicht alles. Mit bis zu

Wissenswertes über die Leber

Die Leber ist das einzige Organ, das sich erneuern kann. Wenn man bei einer Operation einen Teil entfernt, wächst das fehlende Stück innerhalb von zwei Monaten wieder nach. Bis zu drei Viertel der Leber können ohne weiteren Schaden entnommen werden.

sechs Metern ist der Dünndarm dreimal so lang wie der Dickdarm. Die beiden Darmabschnitte sehen nicht nur unterschiedlich aus, sie haben auch verschiedene Aufgaben: Im Dünndarm zerlegen Enzyme die Nahrung in so kleine Teile, dass die Nährstoffe über die Darmwand in die Blutbahn übergehen können. Und der Dickdarm? Hier wird der Nahrungsbrei nicht weiter verdaut, sondern ihm wird Wasser entzogen.

Warum ist der Darm beim Schutz vor Krankheiten so wichtig?

Der Darm ist die Abwehrzentrale des Körpers schlechthin: Viele Abwehrzellen befinden sich in der Schleimhaut des Dickdarms. Krankheitserreger, die mit der Nahrung in unseren Körper gelangen, werden von den Abwehrzellen unschädlich gemacht. Rund 500 verschiedene Arten von Bakterien spielen dabei eine große Rolle: Die Darmbakterien leben dort in so großer Zahl, dass sich Krankheitserreger wie Viren, Bakterien oder Pilze nicht in der Darmschleimhaut einnisten und Infektionen auslösen können. Außerdem schützen sie den Darm auch vor bestimmten Schadstoffen.

Verdauung

Doch das System ist empfindlich: Wenn der Darm erkrankt, ist auch das Abwehrsystem geschwächt und wir sind anfälliger für viele weitere Krankheiten.

Warum
ist Durchfall
flüssig?

Verschiedene Krankheiten können Durchfall auslösen. Wenn wir zum Beispiel etwas Verdorbenes gegessen haben, greifen Bakterien den Magen-Darm-Bereich an. Der Darm wehrt sich gegen den Angriff und bewegt sich heftiger. Dadurch wird der Inhalt häufiger ausgeschieden. Zusätzlich versucht der Darm, die Bakterien aus dem Körper zu schwemmen. Speichel, Magensaft und das Sekret der Bauchspeicheldrüse bilden täglich etwa fünf Liter Flüssigkeit. Mit Wasser aus Getränken, Obst und Gemüse kommen täglich rund sieben bis zehn Liter zu-

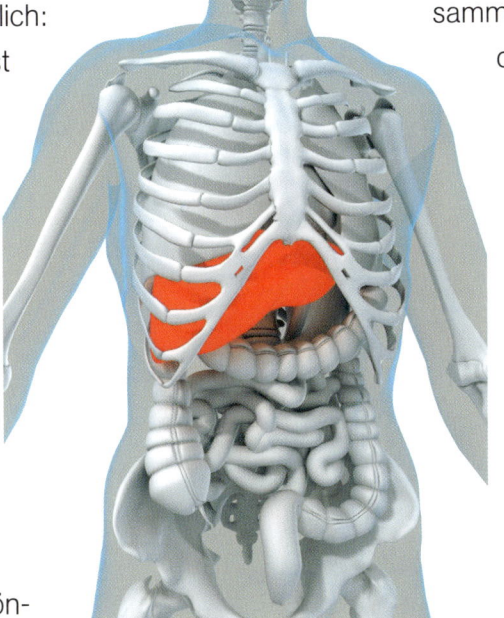

Die Leber ist das größte Organ.

sammen. Wenn der Dickdarm nicht mehr in der Lage ist, dem Nahrungsbrei das Wasser zu entziehen, dann bleibt dieser flüssig — Durchfall eben!

Welches
Verdauungsorgan
hat die meisten
Aufgaben?

Die Leber ist das größte und vielseitigste Organ des Körpers — sie hat mehrere hundert Aufgaben! Hier die wichtigsten: Die Leber produziert Gallenflüssigkeit. Diese benötigt der Körper, um Fett zu verdauen. Außerdem werden rund 90 Prozent der Nährstoffe eine Zeit lang in der Leber gespeichert, bevor sie in den Körper übergehen. Nach Bedarf gibt die Leber die Nährstoffe in den Körper ab. In der Leber befinden sich rund um die Uhr mehr als zehn Prozent der gesamten Blutmenge — deshalb ist sie auch so dunkelrot. Zugleich filtert die Leber auch Giftstoffe aus dem Körper.

Bei Durchfall kann es schon mal länger dauern.

Das hilft bei Durchfall

Wenn man Durchfall hat, fühlt man sich oft sehr schlapp. Das liegt vor allem daran, dass nicht genügend Mineralien im Körper sind. Mit speziellen Elektrolyt-Lösungen, Tee und Mineralwasser kann man dem Körper wieder ausreichend Flüssigkeit und Mineralien zuführen. Geriebene Äpfel, Bananen und Salzstangen helfen, die Ausscheidungen zu verdicken.

Was ist der Blinddarm?

Viele glauben, der Blinddarm sei ein Teil des Darms, der „blind" endet, also in einer Sackgasse. Das stimmt nicht! Der Blinddarm sieht aus wie ein faustgroßer Beutel mit zwei Öffnungen, der zwischen dem Dünndarm und dem Dickdarm liegt. Wenn jemand an einer Blinddarmentzündung leidet, ist es aber nicht dieser Beutel, der erkrankt ist. Am Blinddarm befindet sich ein etwa zehn Zentimeter langer Wurmfortsatz. Er ist es, der so wehtut und in einer Operation entfernt werden muss.

Warum muss man mehrmals am Tag pupsen?

Mit jedem Bissen, den wir essen, schlucken wir etwa zwei bis drei Milliliter Luft. Ein Großteil der Gase, die bei der Verdauung gebildet werden, und die Luft, die man beim Essen geschluckt hat, werden von den Darmwänden aufgefangen und gelangen über das Blut in die Lunge, wo wir sie ausatmen. Wenn die Bakterien im Darm schwer verdauliche Nahrungsmittel zerlegen, entstehen Gase, die wir als Blähungen spüren. Dann müssen wir mehr als sonst pupsen. Das passiert beispielsweise, wenn man Blumenkohl, Sauerkraut oder Bohnen gegessen hat.

Kohl verursacht manchmal Blähungen.

Warum stinken Pupse?

Die meisten Pupse stinken gar nicht. Sie bestehen hauptsächlich aus geruchlosen Stoffen wie Wasserstoff, Kohlendioxid und Methan. Der unangenehme Geruch kommt nur von bestimmten Nahrungsmitteln, bei deren Abbau „Stinkgase" im Darm entstehen. Vor allem Schwefelwasserstoff erzeugt einen kräftigen, ekelhaften Geruch, der an verfaulte Eier erinnert. Kein Wunder, dass Schwefelwasserstoff für die Herstellung von Stinkbomben verwendet wird.

Nicht immer stinken Pupse.

Was bleibt übrig, wenn die Nahrung verdaut ist?

Die „Wurst", die der Darm ausscheidet, besteht nur zu einem Viertel aus unverdaulichen Stoffen. Über die Hälfte ist Wasser, der Rest sind Bakterien, die sich im Darm stark vermehrt haben. Die Menge und die Beschaffenheit des Kots hängen davon ab, was man isst. Fleischesser haben festere Ausscheidungen als Vegetarier: Fleisch ist schwerer verdaulich, es bleibt deshalb länger im Darm und ihm wird mehr Wasser entzogen. Vegetarier produzieren viel größere Mengen an Kot als Fleischesser. Weil sie mit der Nahrung viele unverdauliche Ballaststoffe aufnehmen, müssen sie auch öfter aufs Klo.

Verdauung

Warum bekommen manche Menschen Durchfall, wenn sie Milch trinken?

Milch ist eines der natürlichsten Lebensmittel. Doch das gilt nicht für alle Menschen. Nach der Stillzeit vertragen einige keine Milch mehr. Warum? Es liegt daran, dass ihnen ein bestimmtes Enzym fehlt. Dieses Enzym heißt Lactase und spaltet den Milchzucker. Nur wenn der Milchzucker gespalten wird, kann er vom Körper verwertet werden. Bleibt er im Ganzen erhalten, bindet er Wasser. Dadurch verflüssigt sich der Speisebrei. Die Folge ist Durchfall.

Warum haben wir Durst?

Wasser erfüllt viele wichtige Aufgaben in unserem Körper. Es löst lebenswichtige Nährstoffe und transportiert sie im Blut, außerdem regelt es den Wärme-

Unser Körper braucht viel Flüssigkeit.

haushalt mit. Da unser Körper ständig Wasser verliert, zum Beispiel beim Schwitzen, benötigt er auch regelmäßig Wasser. Deshalb müssen wir viel trinken. Wer zu wenig trinkt, wird auf die Dauer krank. Damit das nicht geschieht, empfinden wir Durst. Der Körper teilt uns auf diese Weise mit, dass wir viel Flüssigkeit verloren haben, sich dadurch die Salze im Blut stärker auswirken und es dickflüssiger machen. Jetzt ist es höchste Zeit, etwas zu trinken.

Hättest du das gewusst?

„Wann hattest du das letzte Mal Stuhlgang?" Bestimmt hat dir dein Arzt schon einmal diese Frage gestellt. Stuhlgang — damit ist das „große Geschäft" gemeint. Woher kommt der Begriff? Früher gab es keine Räume für eine Toilette mit Spülung. Das Klo befand sich im Zimmer — als „Leibstuhl" mit einer Klappe, unter der ein Eimer verborgen war. Wer aufs Klo musste, musste zum Stuhl gehen.

Warum ist Flüssigkeit wichtiger als Nahrung?

Ein Erwachsener kann zwei bis drei Wochen ohne Essen, aber nur wenige Tage ohne Flüssigkeit überleben. Spätestens nach fünf Tagen ohne einen Schluck wird der Körper irreparabel geschädigt. Der Körper speichert die Energie, die er mit dem Essen zu sich nimmt, in der Leber und in der Fettschicht. Für Flüssigkeit gibt es keinen solchen Speicher. Sie wird als Urin ausgeschieden. Wenn wir nichts mehr zu trinken bekommen, verdickt das Blut und es kommt zu einem Schlaganfall.

Warum ist Urin gelb?

Urin ist die Körperflüssigkeit, die von den Nieren abgesondert wird. Die Nieren kontrollieren den Anteil des Wassers und der Salze im Körper und sorgen dafür, dass Giftstoffe ausgeschieden werden. Die gelbe Farbe hat jedoch nichts mit Gift zu tun. Wenn rote Blutkörperchen abgebaut werden, entsteht durch Gallenfarbstoffe das gelbe Abfallprodukt Bilirubin, das über den Urin ausgeschieden wird. Die Farbe des Urins ist mal dunkler, mal heller. Je mehr wir trinken, umso mehr Flüssigkeit scheiden wir aus. Dann ist der Farbstoff im Urin entsprechend stark verdünnt.

Was passiert, wenn man sich übergibt?

Kurz bevor man sich übergibt, strömt viel Luft in die Lunge. Dadurch entsteht ein Unterdruck im Brustraum, der Nahrungsbrei wird aus dem Magen in die Speiseröhre gesaugt. Wenn die Speiseröhre voll mit Speisebrei ist, spannen sich das Zwerchfell und die Bauchmuskulatur an und das Essen kommt in einem Schwall durch den Mund nach draußen. Erbrechen ist ein Reflex. Der Körper spuckt die halbverdaute Nahrung wieder aus, um sich vor giftigen und unverträglichen Stoffen zu schützen. Doch nicht immer ist verdorbenes Essen die Ursache von Brechreiz. Auslöser können auch unangenehme Gerüche, eine Krankheit oder Stress sein.

Wenn man sich übergeben muss, ist man oft krank.

Warum dürfen Kinder keinen Alkohol trinken?

Alkohol ist ein Nervengift. Je mehr man davon zu sich nimmt, umso stärker wird der Körper geschädigt. Der Schaden hängt nicht nur von der Menge ab, auch das Alter spielt eine Rolle. Bei Kindern und Jugendlichen ist der Körper noch nicht voll entwickelt. Deshalb sind die Schäden, die der Alkohol bei ihnen anrichtet, größer als bei Erwachsenen: Regelmäßiger und lang anhaltender Missbrauch schädigt die Organe und das Nervensystem. Dabei können ganze Gehirnteile absterben. Alkohol macht psychisch und körperlich abhängig.

Alkohol ist für Kinder sehr gefährlich!

Warum schmeckt Erbrochenes so widerlich?

Schuld daran sind die Körpersäfte aus dem Magen und dem Darm, mit denen der Nahrungsbrei vermischt wird. Wenn nur aus dem Magen erbrochen wird, schmeckt das Erbrochene säuerlich, weil es mit Magensäure versetzt ist. Säuerlich, bitter und gelblich gefärbt ist Erbrochenes, wenn sich beim Erbrechen die Verbindung vom Magen zum Darm geöffnet hat. Das

Verdauung

kommt von der Gallenflüssigkeit, die dem sauren Speisebrei im Darm zugesetzt wurde.

Alkohol schadet ungeborenen Kindern!

Am stärksten werden Kinder im Mutterleib durch Alkohol geschädigt: Kinder von Alkoholikerinnen haben nicht nur viel häufiger Missbildungen, sie sind auch deutlich unruhiger und geistig weniger leistungsfähig.

Warum sind manche Menschen dünn, obwohl sie viel essen?

Die Energie, die in der Nahrung enthalten ist, wird nicht von jedem in gleicher Weise umgesetzt. Man unterscheidet „gute" und „schlechte" Verwerter; zu welcher Gruppe man gehört, ist in der Erbsubstanz festgelegt. Was ist der Unterschied? „Gute" Verwerter legen Fettpölsterchen an, wenn sie zu viel Energie aufnehmen, „schlechte" Verwerter geben überschüssige Energie in Form von Wärme ab.

Warum ist ballaststoffreiche Nahrung so gesund?

Ballaststoffe sind die Teile pflanzlicher Lebensmittel, die der Dünndarm nicht verdauen kann. Sie sind in Vollkornproduk-

ten, Müsli, Obst und Gemüse enthalten. Obwohl Ballaststoffe unverdaut ausgeschieden werden, sind sie nicht überflüssig. Sie sorgen unter anderem dafür, dass die Blutzuckerwerte nach einem Essen nicht so rasch ansteigen.

Ist es gefährlich, wenn man einen Kaugummi verschluckt?

Immer wieder heißt es, dass ein Kaugummi sieben Jahre lang im Magen liegt, oder, schlimmer noch, den Magen verklebt. Sei unbesorgt — das stimmt normalerweise nicht. Verschluckte Kaugummis sind nur dann ein Problem, wenn man große Mengen davon vertilgt. Normalerweise wird ein Kaugummi unverdaut wieder ausgeschieden. Trotzdem solltest du deine Kaugummis nicht hinunterschlucken. Ab in den Müll damit!

Was passiert, wenn man über längere Zeit zu viel isst?

Zu viel essen bedeutet, dass man mehr Energie zu sich nimmt, als der Körper umsetzen kann. Die überschüssige Energie wird nicht wieder ausgeschieden, sondern meistens als Fett gespeichert. Erst füllen sich die Fettzellen, dann werden zusätzlich neue Fettzellen gebildet. Dabei werden wir dicker und schwerer.

Obst und Gemüse sind gesund.

Gesunde Ernährung

Pizza, Pommes, Hamburger und Süßigkeiten – wenn du allein entscheiden dürftest, gäbe es in deiner Familie wahrscheinlich selten etwas anderes zu essen. Oder? Viele Kinder finden, dass gesundes Essen nicht schmeckt. Die meisten Eltern bestehen aber darauf, dass ihre Kinder sich gesund ernähren. Und das hat auch seinen guten Grund.

gie. Wir brauchen sie, um Körperwärme zu erzeugen, um uns zu bewegen und vor allem zum Denken. Deshalb kommt es beim Essen nicht allein darauf an, unseren Hunger zu stillen oder dass es lecker schmeckt. Man muss die richtige Nahrung auswählen, denn wer sich gesund ernährt, beugt vielen Krankheiten vor, und das ohne Medikamente. Umgekehrt heißt das: Wer sich ungesund ernährt, schadet langfristig seinem Körper und seiner Gesundheit. Das gilt ganz besonders für Kinder und Jugendliche: Weil ihr Körper noch nicht voll entwickelt ist, spielt bei ihnen die Ernährung eine noch viel größere Rolle als bei Erwachsenen. „Schmeckt nicht" gilt nicht. Wenn du nicht so gern Obst und Gemüse isst, geh doch einfach mal mit zum Einkaufen und suche dir in der Obst- und Gemüseabteilung selbst etwas aus. Es gibt mehr Sorten als du denkst.

Der Mensch ist, was er isst

Ein bekannter Spruch lautet so. Was ist damit gemeint? Ob wir uns wohl fühlen oder schlapp herumhängen, uns gut konzentrieren können oder uns leicht ablenken lassen, hängt auch davon ab, was wir essen. Unsere Nahrung versorgt uns mit Ener-

Selbst ausgesuchtes Gemüse schmeckt lecker.

Lecker und gesund?

Ist das, was ich gern esse, gesund oder ungesund? Fragt man Ernährungswissenschaftler, dann stellt sich diese Frage so gar nicht. Es kommt vor allem darauf an, wie viel und wie häufig man von einem Lebensmittel isst. Hin und wieder eine Tafel Schokolade und eine Tüte Pommes sind in Ordnung. Wer viele Süßigkeiten und sehr fetthaltige Speisen isst, wird schnell satt. Doch diese Art der Ernährung ist einseitig und das hat Folgen: Man nimmt sehr viele Kohlenhydrate und Fette zu sich. Sie liefern viel Energie. Häufig sogar zu viel für den Moment. Was passiert? Klar, wir werden dick. Der Körper kann die überschüssige Energie nicht verwerten und legt sie in Fettzellen an. Was aber schlimmer als die Fettpölsterchen ist: In Süßigkeiten und fetten Speisen fehlen viele Vitamine und Mineralstoffe, die man braucht, um gesund zu bleiben. Die Folge: Man fühlt sich schlapp. Wie kann man sich besser ernähren? Mit einer ausgewogenen Mischkost nach der Ernährungspyramide, wie sie Ernährungswissenschaftler entwickelt haben. Auf der Ernährungstabelle kannst du erkennen, wie wichtig die einzelnen Nahrungsmittel sind. Ganz unten sind Wasser und andere Flüssigkeiten abgebildet. Diese braucht unser Körper sehr häufig, um nicht auszutrocknen. Tees und Saftschorlen schmecken und löschen den Durst. Danach folgen Obst und Gemüse. Davon kannst du so oft und viel essen wie du willst. Getreideprodukte wie Müsli oder Brot, aber auch Kartof-

feln und Nudeln enthalten Kohlenhydrate und sind wichtige Energielieferanten. Dazu kommen Milchprodukte, Fisch und Fleisch, die uns Energie in Form von Eiweiß geben. Aufpassen muss man bei Fetten und Süßigkeiten. Sie stehen an der Spitze, das heißt, davon darfst du am wenigsten essen, obwohl sie so gut schmecken. Aber auch aus den anderen Nahrungsmitteln kann man leckeres Essen zaubern, probier es doch einfach mal aus und werde selbst Koch.

Die Pyramide zeigt, wie man sich gesund ernähren kann.

Kartoffelhände und -füße

Zutaten für vier Personen:
600 g gekochte Kartoffeln
80 g Grieß, zwei Eier
zwei Teelöffel Salz, sechs Esslöffel Mehl
Öl zum Braten
Lass dir bei der Zubereitung am besten von einem Erwachsenen helfen. Die gekochten Kartoffeln werden in eine Schüssel gerieben und mit den Eiern, dem Grieß und dem Salz verrührt. Schließlich wird die Masse zusammen mit dem Mehl zu einem festen Teig verknetet. Diesen rollt man etwa 1,5 Zentimeter dick aus. Jetzt mit den Förmchen die Hände und Füße ausstechen. Natürlich klappt es auch mit anderen Formen, sie dürfen nur nicht zu klein sein. Die Hände und Füße kommen in eine Pfanne mit heißem Öl und werden von beiden Seiten goldbraun gebacken. Guten Appetit!

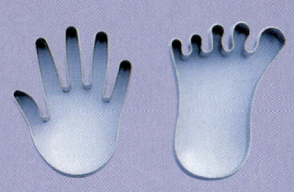
Die Förmchen zum Ausstechen

Kochen macht Spaß.

Wieso ist das menschliche Gehirn dem der Tiere überlegen?

Klare Antwort: Kein anderes Lebewesen hat — im Verhältnis zu seinem Körper — ein so leistungsfähiges Gehirn wie der Mensch. Das liegt vor allem am Großhirn. Was den Menschen von allen übrigen Lebewesen unterscheidet, ist seine Fähigkeit, Ursache und Wirkung einer Handlung zu erkennen, zu sprechen, Erinnerungen zu speichern und vor allem mit anderen zu kommunizieren und ihre Erfahrungen für sich zu nutzen. Diese Fähigkeiten sind im Großhirn verankert.

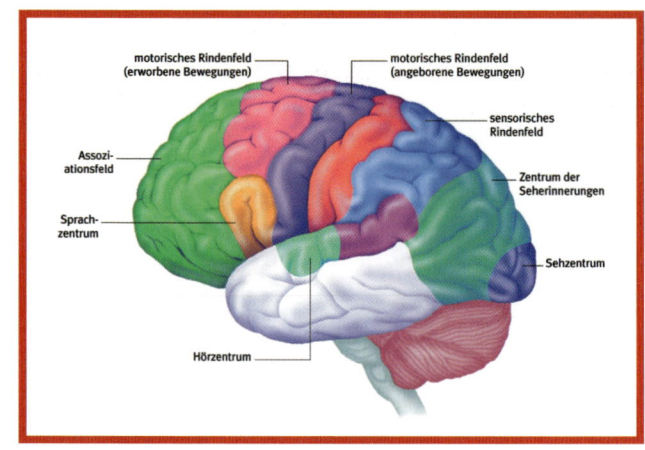

Die Teile des Großhirns haben unterschiedliche Aufgaben.

Woraus besteht das Gehirn?

Aus grauen Zellen, hört man oft als Antwort. Doch was ist damit wirklich gemeint? Unser Gehirn besteht aus rund 100 Milliarden Nervenzellen, die über 100 Billionen Verbindungsstellen Informationen miteinander austauschen. Die Nervenzellen sind, je nachdem, welche Aufgaben sie haben, auf mehrere Hirnbereiche verteilt. Dabei unterscheidet man das Großhirn, das Zwischenhirn, das Kleinhirn und das Stammhirn.

Das menschliche Gehirn

Welche Aufgaben haben die Teile des Gehirns?

Unser Gehirn ist die Schaltzentrale aller Nervensysteme; von hier aus werden alle Körperfunktionen gesteuert — egal, ob bewusst oder unbewusst. Das Großhirn ist der zentrale Teil des Gehirns, der uns am meisten von den Tieren unterscheidet. Es umfasst 80 Prozent der gesamten Hirnmasse und ist in verschiedene Regionen unterteilt, die unterschiedliche Aufgaben haben: Ein Teil steuert die Bewegungen des Körpers, ein anderer verarbeitet die Informationen des Hör- und Sehnervs. Darüber hinaus ist das Großhirn der Ort, wo gedacht wird, wo Entscheidungen getroffen und Erinnerungen gespeichert werden. Das Zwischenhirn besteht aus dem Thalamus und dem Hypothalamus. Beide zusammen steuern wichtige Funktionen wie die Körpertemperatur, den Schlaf-wach-Rhythmus, das Hunger- und Durstempfinden. Das Kleinhirn regelt unsere Bewegungen und unseren Gleichgewichtssinn. Das Stammhirn steuert Reflexe und automatische Abläufe im Körper, zum Beispiel das Gähnen oder auch

Gehirn, Nerven

die Atmung und den Blutkreislauf. Das Stammhirn ist entwicklungsgeschichtlich gesehen der älteste Teil des Gehirns.

Wofür sind die beiden Hälften des Großhirns zuständig?

Wenn man das Gehirn betrachtet, dann sieht es so ähnlich aus wie das Innere einer Walnuss — zwei stark gefaltete Bereiche, die an einer Stelle miteinander verbunden sind. Die beiden Gehirnhälften sehen zwar gleich aus, sind aber nicht wirklich identisch. Sie haben unterschiedliche Aufgaben. Wenn man Musik hört, malt oder sich etwas ausdenkt, ist die rechte Gehirnhälfte in Aktion. Die linke Gehirnhälfte ist für das logische Denken, also für das Rechnen und Lösen von Aufgaben zuständig. Wie arbeiten die beiden Gehirnhälften zusammen? Wenn wir miteinander reden, stellen Melodie, Lautstärke, Betonung, Gesten und der Gesichtsausdruck unsere Gefühle dar, die wir beim Sprechen haben. Das wird von der rechten Gehirnhälfte gesteuert. Für unsere Gedanken und unsere Wortwahl ist die linke Gehirnhälfte zuständig. Nur wenn sich beide Gehirnhälften miteinander verständigen, können wir uns wirklich mitteilen.

Wie wächst das Gehirn?

Wie gut das Gehirn funktioniert, hängt vor allem von den Verbindungen zwischen den Zellen ab. Je dichter die einzelnen Gehirnzellen miteinander verschaltet sind, umso besser können Informationen verarbeitet werden. Diese Nervenverbindungen, auch Synapsen genannt, wachsen erst im Lauf des Lebens. In den ersten drei Lebensjahren nimmt die Zahl der Synapsen rasant zu. Ab dem zehnten Lebensjahr hat das Gehirn relativ feste Strukturen; jetzt werden bestehende Verbindungen ausgebaut; Verbindungen, die nicht genutzt werden, gehen wieder verloren. Denken und Lernen schaffen nicht nur Nervenverbindungen: Es entstehen

In den ersten Lebensjahren wächst das Gehirn rasant.

dabei sogar neue Nervenzellen und neue Verbindungen. Doch auch sie sind nicht von Dauer: Die Zellen gehen wieder verloren, wenn man das neu Erlernte nicht immer wieder übt.

Wissenswertes über das Gehirn

Die Zellen in unserem Gehirn sind mit 100 Billionen Synapsen miteinander verbunden. Jede Zelle hat mehrere Tausend Synapsen, über die sie Informationen an andere Nervenzellen weiterleitet.

Warum fallen Nachdenken und Lernen schwer, wenn man Hunger hat?

Unser Gehirn ist ein Hochleistungsorgan. Obwohl es nur zwei Prozent unseres Körpergewichts ausmacht, verbraucht es ein Fünftel unserer Energie. Dabei gilt: Erst kommt das Gehirn, dann der übrige Körper: Wenn das Gehirn genügend Energie hat, sorgt es dafür, dass auch die Muskeln und die anderen Bereiche des Körpers versorgt werden. Ist ja auch klar: Ohne das Gehirn läuft im Körper gar nichts!

Mit leerem Magen fällt das Lernen schwer.

Wie kommt das Gehirn mit der Flut der Sinnesreize klar?

Das Gehirn sammelt nicht nur Informationen, es arbeitet auch wie ein Filter. Der Sehsinn konzentriert sich auf alles, was das Gehirn als wichtig einschätzt. Deswegen nehmen wir kleine Details oft nicht wahr. Umso mehr achten wir auf Blinklichter und alles, was sich schnell bewegt. Ähnlich ist es beim Riechen: Auch hier reagiert das Gehirn vor allem auf Veränderungen. Wenn wir einem besonders guten oder üblen Geruch ausgesetzt sind, merken wir das nur für kurze Zeit. Ebenso verhält es sich mit Geräuschen. Schon nach wenigen Minuten hören die Sin-

neszellen auf, Informationen ans Gehirn weiterzugeben. Das ist auch gut so. Würden wir ständig bewusst mitbekommen, was wir riechen oder im Hintergrund hören, dann könnte sich unser Gehirn nicht mehr auf das Denken konzentrieren.

Was macht das Gehirn, wenn wir schlafen?

Ist es dann abgeschaltet? Nein, das Gehirn funktioniert weiter. Logisch — denn ohne Gehirn würden wir nicht weiteratmen, das Herz würde aufhören zu schlagen. Das Gehirn arbeitet, aber auf einer anderen Ebene, in der das Bewusstsein nicht aktiv ist. Im Schlaf wechseln sich Tiefschlaf- und Traumphasen alle 90 Minuten ab. Nach dem Einschlafen schlafen wir sehr tief und erholen uns vor allem körperlich. Nach etwa eineinhalb Stunden wechseln wir in den Traumschlaf. Er dient vor allem dazu, dass wir geistig ausspannen.

Wieso träumen wir?

Das ist eine Frage, die Philosophen und Wissenschaftler seit mehreren Tausend Jahren beschäftigt. Entsprechend unterschiedlich sind ihre Antworten! In der Antike glaubte man, dass Götter für die Träume verantwortlich sind. Der Psychoanalytiker Sigmund Freud (1856—1939) war der Ansicht, dass Träume unsere geheimen und unterdrückten Wünsche widerspiegeln. Auch der Psychoanalytiker C. G. Jung (1875—1961) ging davon aus, dass wir im Traum unterbewusste Gefühle ausleben. Heutige Schlafforscher gehen davon aus, dass man im

Gehirn, Nerven

Vermutlich verarbeitet das Gehirn im Traum Erlebnisse.

Traum Ereignisse des Tages noch einmal durchlebt und verarbeitet. Dadurch wird das Gehirn wieder frei für neue Aufgaben. Doch wir träumen nicht immer gleich: In der zweiten Nachthälfte erleben wir unglaubliche Dinge im Traum, die Fantasie sprudelt geradezu über. Möglicherweise werden auf diese Weise Bereiche des Gehirns trainiert, die wir tagsüber nicht genügend eingesetzt haben.

Wie merkt sich
unser Gehirn
Informationen?

Das Gehirn geht Schritt für Schritt vor: Alles, was wir bewusst aufnehmen, gelangt zuerst in das Ultrakurzzeitgedächtnis, dann in das Kurzzeitgedächtnis und von dort in das Langzeitgedächtnis. Das Langzeitgedächtnis kann unterschiedlichste Informationen jahrelang speichern. Das limbische System, ein Hirnbereich in der Mitte des Kopfes, filtert und sortiert die Informationen und leitet sie an die verschiedenen Stellen im Gehirn weiter. Wenn das, was wir lernen, mit starken Gefühlen verbunden ist, prägt es sich besser im Gedächtnis ein.

Wie können wir uns
an Dinge erinnern?

Das Gehirn ist ein riesiges Netzwerk. Je öfter im Gehirn eine einmal erstellte Verbindung benutzt wird, umso besser kann diese Verbindung wieder hergestellt werden. Erinnerungen und Wissen sind also im Grunde nichts anderes als gut funktionierende Nervenverbindungen. Am besten kann man sich übrigens Dinge merken, die man mit angenehmen Gefühlen und schönen Erlebnissen verknüpft. Das erklärt auch, warum man in Fächern, in denen nette Lehrer oder Lehrerinnen unterrichten, oft besser ist als in den übrigen.

Fitness für die grauen Zellen

Wer rastet, der rostet. Das gilt auch für unser Denken. Tägliches Training, zum Beispiel mit Rätseln, regt das Gehirn an. Stundenlanges Fernsehen dagegen ist schädlich. Am besten gehst du in deiner Freizeit nach draußen: Wissenschaftler haben nachgewiesen, dass Bewegung gut für das Gehirn ist.

Bewegung ist gut für das Gehirn.

Was ist das Zentralnervensystem?

Riechen, Hören, Sehen, Schmecken — unser Körper erhält ständig neue Sinnesreize, auf die er reagieren muss. Das Zentralnervensystem (ZNS) bündelt die Informationen und steuert unsere Reaktionen darauf. Es besteht aus dem Gehirn und dem Rückenmark. Alle Nerven, die von den einzelnen Teilen des Körpers in das Rückenmark münden und von dort Informationen erhalten oder weiterleiten, nennt man zusammen peripheres Nervensystem.

Das ZNS und das periphere Nervensystem

- Gehirn
- Halsgeflecht
- Armgeflecht
- Zwerchfellnerv
- Rückenmark
- Zwischenrippennerven
- Lendengeflecht
- Ellennerv
- Kreuzbeingeflecht
- Speichennerv
- Mittelnerv
- Ischiasnerv
- Wadennerv
- Schienbeinnerv

Was ist ein Gehirnschlag?

Von einem Gehirnschlag, auch Schlaganfall genannt, spricht man, wenn einzelne Regionen im Gehirn nicht richtig durchblutet werden. Das passiert, wenn — ähnlich wie beim Herzinfarkt — eine Ader verstopft ist. Das Blut kann nicht weiterfließen und das unversorgte Gewebe stirbt ab. Eine andere, weniger häufige Ursache sind Blutungen im Gehirn. Kinder und Jugendliche brauchen keine Angst vor einem Schlaganfall zu haben. Die Erkrankung kann erst im Erwachsenenalter auftreten. Wenn man gesund lebt, das heißt viel Sport treibt und sich ausgewogen ernährt, verringert sich die Gefahr.

Was ist das vegetative Nervensystem?

Ein Teil unseres peripheren Nervensystems arbeitet automatisch — Herz, Lunge, Magen und Darm funktionieren, ohne dass wir darüber nachdenken müssen. Dieses Nervensystem wird vom Hypothalamus, der Hirnanhangsdrüse, im Kopf gesteuert. Hier laufen sämtliche Informationen von verschiedenen Organen zusammen. Dieses Nervensystem wird vegetatives Nervensystem genannt.

Woraus bestehen Nervenzellen?

Nervenzellen nennt man Neurone. Sie bestehen aus einem Zellkörper mit einem Zellkern im Inneren

Gehirn, Nerven

und den Zellfortsätzen, Dendriten und Axone. Die Zellfortsätze empfangen und leiten Signale weiter — Dendriten nehmen die Signale auf, die Axone leiten sie weiter. Axone können bis zu einem Meter lang werden und sind damit sehr viel länger als die Dendriten. Beide, Axone und Dendriten, verzweigen sich, die Axone jedoch erst an ihrem Ende. Dort befinden sich die Synapsen, das sind Kontaktstellen, die die Nervenzelle mit den Dendriten anderer Nervenzellen, Sinneszellen oder Muskelzellen verbinden.

Zellkörper

Axon

Markscheide

Ein Axon einer Nervenzelle

Wie übertragen Nervenzellen Signale?

Vereinfacht gesagt, schüttet die „Sender"-Nervenzelle Neurotransmitter aus, das sind chemische Botenstoffe, die die Signale übertragen. Ein Signal kann zum Beispiel der Schmerz sein, den wir empfinden, wenn wir uns den Finger einklemmen. Eigentlich ist es ein elektrischer Impuls. Da zwischen dem Inneren und dem Äußeren der Zelle eine elektrische Spannung besteht, kann dieser Impuls weitergeleitet werden. Das dauert unterschiedlich lang. Die schnellsten Nervenfortsätze übertragen die Signale mit einer Geschwindigkeit von bis zu 120 Metern pro Sekunde, die langsamsten mit einem Meter pro Sekunde! Bei einem eingeklemmten Finger empfängt das Gehirn nach einem Bruchteil einer Sekunde das Signal „Schmerz". Den Finger ziehen wir jedoch weg, bevor er wehtut. Wie das? Unsere Reflexe lassen uns reagieren, noch ehe wir bewusst etwas spüren.

Warum zucken wir bei Gefahr zusammen?

Warum schließen wir die Augen und drehen uns weg, wenn plötzlich grelles Licht in die Augen scheint oder wenn uns jemand mit einem gefährlichen Gegenstand zu nahe kommt? Ist doch klar — wir bringen uns damit in Sicherheit. Solche automatischen, blitzschnellen Reaktionen nennt man Reflexe. Der schnellste Reflex ist der, mit dem wir uns vor dem Verbrennen schützen, indem wir den gefährdeten Körperteil blitzartig zurückziehen. Wenn du mit deiner Hand eine glühende Herdplatte berührst, ziehst du sie schon weg, bevor dir die Gefahr überhaupt bewusst wird. Der Schmerz entsteht erst einige Tausendstelsekunden später.

Fassen wir etwas Heißes an, ziehen wir reflexartig die Hand zurück.

Warum kribbeln Hände und Füße manchmal so unangenehm?

Bestimmt ist es dir schon öfter passiert: Du willst aufstehen und dein Bein ist erst gefühllos. Doch plötzlich fängt es heftig zu kribbeln an. Der Fuß ist „eingeschlafen". Das passiert, wenn ein Nerv oder mehrere Nerven so eingeklemmt werden, dass sie Reize nicht mehr weiterleiten können. Meistens musste der Fuß oder die Hand zuvor lange Zeit in derselben Haltung verharren, zum Beispiel im Schneidersitz. Das abgeklemmte Nervenbündel kann die Reize aus dem Fuß nur noch verzerrt an das Gehirn weitergeben. Die meisten Menschen schütteln den Fuß aus und reiben ihn. Nicht nur die Füße, sondern sehr häufig auch die Hände und manchmal sogar das ganze Bein oder der Arm können „einschlafen". Nach spätestens einer Stunde hat sich der Nerv aber wieder erholt und das Taubheitsgefühl ist verschwunden.

Besser lernen mit Köpfchen

Ununterbrochenes und stundenlanges Lernen bringt nicht viel. Unser Gehirn kann nur etwa eineinhalb Stunden volle Leistung bringen. Danach brauchen wir eine Pause, die etwa 15 Minuten dauern sollte.

Man sollte nicht länger als 90 Minuten am Stück lernen.

Was ist Alzheimer?

Alzheimer ist eine Erkrankung des Gehirns, bei der Hirnzellen absterben. Dadurch nehmen die Masse und Leistung des Gehirns ständig ab. Je nachdem, wie weit die Krankheit fortgeschritten ist, können Alzheimer-Patienten nicht mehr sprechen und Dinge nicht mehr richtig wahrnehmen. Viele sind völlig orientierungslos, sie wissen nicht, was sie tun, wer sie sind und erkennen oft ihre nächsten Angehörigen nicht mehr. Alzheimer ist nicht ansteckend, die Krankheit kann nur gemildert, aber nicht wirklich geheilt werden. Eine Alzheimererkrankung tritt glücklicherweise selten vor dem 50. Lebensjahr auf, meistens erkranken nur ältere Menschen daran.

Alzheimer haben meist nur ältere Menschen.

Warum ist Strom gefährlich?

Strom ist ab einer bestimmten Stärke sehr gefährlich. Der Körper selbst steuert seine Funktionen durch elektrische Ströme, die in den Nervenbahnen fließen. Diese Ströme sind jedoch sehr schwach. Wenn ein stärkerer Strom von außen die Körperströme überlagert, kommt es zu Fehlfunktionen zahlreicher Organe, zum Beispiel zur Verkrampfung der Muskeln. Der Herzmuskel schlägt nicht mehr weiter oder kommt aus dem Takt. Der Blutkreislauf bricht deshalb zusammen. Das Gehirn als empfindlichstes

Gehirn, Nerven

Organ wird ohne Blutversorgung innerhalb kürzester Zeit dauerhaft geschädigt. Bei sehr starken Strömen kommt es zu Verbrennungen, die als sogenannte Stromaustrittslöcher sichtbar werden.

Strom ist für den Körper sehr gefährlich.

Wie funtioniert ein Reflex?

Reflexe sind unkontrollierbare automatische Reaktionen unseres Körpers; sie gehören zu unseren körperlichen Grundfunktionen. Reflexe werden nicht erlernt, sie sind angeboren. Damit der Körper blitzartig reagieren kann, müssen die Signale besonders schnell übertragen werden. Schnell heißt in diesem Fall auf einem kürzeren Weg als sonst. Deshalb werden Reflexe — anders als die übrigen Reaktionen — nicht vom Gehirn gesteuert, sondern vom Rückenmark.

Wie wirkt eine Schmerztablette?

Schmerz ist immer ein Signal des Körpers dafür, dass etwas nicht in Ordnung ist. Deshalb solltc man zunächst immer die Ursache für den Schmerz herausfinden. Schmerztabletten bekämpfen in der Regel nur das Gefühl des Schmerzes, nicht aber die Ursache. Dieses unangenehme Gefühl entsteht in den Nervenbahnen oder im Gehirn. Eine Schmerztablette schaltet durch eine chemische Reaktion einfach das Empfinden für den Schmerz ab. Die Verletzung tut also im Grunde genauso weh und ist auch noch genauso vorhanden — nur merken wir es nicht mehr.

Warum fallen manche Menschen in Ohnmacht, wenn sie sich aufregen?

Bei Popkonzerten kann man es immer wieder beobachten: Reihenweise fallen Mädchen in Ohnmacht, wenn sie ihren Star sehen. Warum? Das Gehirn erhält für ganz kurze Zeit zu wenig Sauerstoff. Manchmal ist Stress — zum Beispiel Angst oder riesige Freude — die Ursache, manchmal liegt es auch daran, dass man stundenlang stehen muss. Wenn jemand länger als eine Minute ohne Bewusstsein ist, spricht man von Bewusstlosigkeit. Dann muss man den Arzt rufen.

Bei Popkonzerten fallen manche Mädchen in Ohnmacht.

Wie kann man den Hirntod feststcllen?

Äußerlich sieht ein Hirntoter nicht anders aus als jemand, der im Koma oder tief bewusstlos ist. Um festzustellen, ob bereits der Tod eingetreten ist, wendet man verschiedene Verfahren an. Dabei werden fünf Reflexe ausgelöst. Außerdem werden die Hirnströme gemessen. Wenn der Patient viele Stunden lang keine Reflexe mehr zeigt und keine Hirnaktivität mehr gemessen wird, ist er tot.

Geistiges Training

Mit unserem Denken ist es wie mit einer Sportart. Je mehr wir trainieren, desto besser werden wir. Klugsein ist daher keine Glückssache. Wer weiß, wie das Gehirn funktioniert und wie er es auf Touren bringen kann, wird und bleibt geistig fit – ein Leben lang.

Geistiges Training verändert unser Gehirn

Von Geburt an ist das Gehirn unser größtes Organ. Bereits in der dritten Schwangerschaftswoche wird es gebildet. Völlig ausgereift und fertig ist das Gehirn zu keinem Zeitpunkt unseres Lebens. Denn jedes Erlebnis und alles, was wir tun, hinterlässt Spuren im Gehirn. Mit der Kernspintomografie kann man diese Veränderungen und die Aktivitäten des Gehirns in den einzelnen Bereichen feststellen. Dazu wird der Kopf in eine spezielle Röhre geschoben und das Gerät durchleuchtet mithilfe von Magnetfeldern und Radiostrahlen das Gehirn. So hat man zum Beispiel herausgefunden, dass das Gehirn wächst, also zusätzliche Zellen und Verknüpfungen bildet, wenn man etwas Neues lernt oder sich auf bestimmte Fertigkeiten spezialisiert: Bei Londoner Taxifahrern, die sich auf knapp 30.000 Straßen zurechtfinden müssen, ist das Areal, in dem sich der Orientierungssinn befindet, überdurchschnittlich groß, andere Bereiche, die weniger gebraucht werden, sind dementsprechend kleiner.

Was man nicht nutzt, geht verloren

Das ist der Grundsatz, nach dem das Gehirn arbeitet. Bei kleinen Kindern ist das Gehirn im Vergleich zu Erwachsenen ein unbeschriebenes Blatt. Es wartet jedoch nur darauf, Anregungen zu bekommen. Je vielfältiger die Anregungen und Sinneseindrücke sind, umso mehr Verknüpfungen entstehen zwischen den Gehirnzellen — so funktioniert das Lernen. Doch was ist, wenn man bestimmte Hobbys und Fähigkeiten wie ein Musikinstrument oder seine Lieblingssportart nicht mehr trainiert? Gehirnforscher haben darauf die passende Antwort: Use it or lose it. Das ist Englisch und bedeutet: Wenn man seine Fertigkeiten und sein Wissen nicht benutzt, verliert man sie wieder. Um geistig fit zu werden und zu bleiben, müssen wir unser Gehirn ständig neu fordern. Damit trainieren wir das, was wir bereits beherrschen, und lernen immer weiter dazu!

Schreiben macht dich kreativ.

Vorsicht Bildschirm

Erst kommen die Hausaufgaben, dann die Computerspiele. So ist es in vielen Familien geregelt. Das klingt vernünftig, ist es aber nicht wirklich. Es kann nämlich passieren, dass du das, was du bei deinen Hausaufgaben gelernt hast, zum Beispiel Vokabeln oder Formeln, bis zum Abend längst wieder vergessen hast. Wieso? Viele Computerspiele sind ungeheuer aufregend. Genauso verhält es sich mit dem Fernsehen. Forscher gehen davon aus, dass man von dem, was man auf dem Bildschirm erlebt, viel mehr beeindruckt ist als vom Lernstoff. Das Gedächtnis erhält über die Spiele kurzfristig so viele Reize, dass das Gelernte verdrängt und nicht in den richtigen Gedächtnisregionen abgespeichert wird. Die Folge: Du hast zwar gelernt und wusstest die Lerninhalte, solange sie noch im Kurzzeitge-

Kommst du auf das Lösungswort?

Erst musst du im Uhrzeigersinn herausfinden, welche Gegenstände dargestellt sind. Dann die angegebenen Buchstaben streichen oder dazufügen, bis du die Lösung gefunden hast.

Lösung: Schlaumeier

dächtnis waren. Später aber kannst du dich daran nur noch dunkel oder vielleicht gar nicht mehr erinnern — das Gelernte wurde nämlich nicht im Langzeitgedächtnis abgespeichert, sondern von den flimmernden Bildern aus dem Gehirn geradezu verdrängt. Deswegen ist es tatsächlich sehr wichtig, dass man nicht zu viel Zeit vor dem Bildschirm verbringt!

Trainingstipps für kluge Köpfe

- Sport, Musik, Umwelt, Tiere, Technik, fremde Länder — überlege dir, welches Thema dich interessiert und versuche möglichst viel darüber zu erfahren.
- Diskutiere öfters mit Freunden und in der Familie über Dinge, die dir wichtig sind.
- Trainiere deinen Grips mit Sudoku, Gesellschaftsspielen oder Gehirnjogging. Lies viel!
- Sei kreativ: Bastele, male, spiele ein Instrument, fotografiere, führe Tagebuch oder denke dir Geschichten aus ...
- Treibe Sport, ernähre dich ausgewogen und gesund und schlafe ausreichend lange.

Lesen trainiert deinen Kopf.

Computerspiele überreizen das Gehirn.

Was sind die Sinne des Menschen?

Wie viele Sinne hat der Mensch überhaupt? Die meisten meinen, dass es fünf sind — Sehen, Hören, Riechen, Schmecken und Tasten. Viele Forscher sind jedoch anderer Meinung: Sie gehen davon aus, dass der Mensch acht Sinne oder sogar noch mehr hat. Denn zu den bekannten fünf Sinnen kommen noch die Wahrnehmung von Bewegung, der Gleichgewichtssinn und das Temperaturempfinden hinzu. Viele der inneren Organe haben auch Rezeptoren, die uns zum Beispiel vor dem Verdursten warnen.

Welches ist unser wichtigstes Sinnesorgan?

Kein Zweifel — das Auge. Rund 70 Prozent aller unserer Wahrnehmungen nimmt es auf. Eine Linse bündelt das einfallende Licht. Sie ist von Muskeln umgeben, die ihre Krümmung verändern können. Auf diese Weise wird das Bild „scharf" gestellt. Ein Loch in der Regenbogenhaut, die Pupille, kann unterschiedlich weit geöffnet werden, sodass immer die richtige Lichtmenge einfällt. Auf der Netzhaut wird das Licht in elektrische Nervenimpulse umgewandelt, die dann im Gehirn ein Bild von dem erzeugen, was wir sehen. Die Brechung des Lichts bewirkt, dass das Bild, das auf

Das Auge ist unser wichtigstes Sinnesorgan.

das Augeninnere projiziert wird, auf dem Kopf steht. Das Gehirn ordnet die Wahrnehmung und dreht das Bild wieder richtig herum.

Warum schmecken Tränen salzig?

Dass Tränen salzig schmecken, ist nichts Besonderes. Schließlich ist Salz in allen unseren Körperflüssigkeiten enthalten, zum Beispiel in Blut, Schleim oder Schweiß. Der Salzgehalt ist überall gleich hoch und liegt bei etwa 0,9 Prozent. Die Tränenflüssigkeit enthält zusätzlich noch Eiweißstoffe, Fette und keimtötende Substanzen, die die Augen vor Infektionen schützen.

Tränen enthalten Salz.

Warum trocknen unsere Augen nicht aus?

Das liegt an der Tränenflüssigkeit. Sie stammt aus einer Drüse, die in der Augenhöhle liegt. Wenn die Hornhaut auf dem Auge auszutrocknen droht, erhält der zuständige Bereich des Gehirns eine Meldung und ein Reflex wird ausgelöst: Das Oberlid klappt rasch nach unten. Dabei verteilt es eine geringe Menge Tränenflüssigkeit über die Hornhaut und befeuchtet sie.

Sinnesorgane

Warum sehen wir manchmal Sternchen?

Die Sinneszellen des Auges reagieren in erster Linie auf Lichteinfall, sie können aber auch durch andere Reize erregt werden, wenn diese Reize sehr intensiv sind. Bei einem Schlag auf den Kopf oder das Auge entsteht eine Überreaktion der Sinneszellen. Da sie nicht anders können, als den Reiz als Lichtreiz an das Gehirn weiterzugeben, hat man plötzlich mehr Lichterscheinungen als normal. Dann sieht man die sogenannten Sternchen, die auch Boxer oft sehen, wenn sie einen schweren Hieb ins Gesicht bekommen.

Beim Boxen sieht man manchmal Sternchen.

Warum ist es so schwer, mit geschlossenen Augen geradeaus zu laufen?

Weil das Auge unseren Beinen voraus ist. Wie das? Bevor wir uns auf den Weg machen, erkennen die Augen den Weg. Unser Gehirn plant ihn und gibt Befehle an die Muskulatur. Beim Gehen sorgt das Gleichgewichtsorgan dafür, dass wir die Balance nicht verlieren; die Augen kontrollieren die Richtung. Auf diese Weise können wir kleinste Abweichungen vom Weg sofort korrigieren. Wenn wir mit geschlossenen Augen versuchen geradeaus zu gehen, fehlen die Rückmeldungen vom Auge. Das Ergebnis: Wir können uns nicht am Weg orientieren und gehen eine Kurve.

Warum sehen wir im Halbdunkeln alles „grau in grau"?

Das liegt daran, dass wir zwei verschiedene Arten von Sinneszellen, Zapfen und Stäbchen, auf der Netzhaut haben. Sie nehmen die Sinnesreize unterschiedlich wahr. Wie und was wir sehen, hängt von der Helligkeit ab. Die Zapfen sind für das scharfe Sehen verantwortlich; mit ihnen sehen wir auch farbig. Wenn es dunkel wird, sind nur noch die Stäbchen aktiv, die sehr lichtempfindlich sind und daher hell und dunkel besonders gut unterscheiden können. Doch das Bild, das sie liefern, ist nicht scharf. Deswegen sehen wir im Halbdunkel alles ein wenig unscharf und „grau in grau".

Schadet es den Augen, wenn wir bei schlechtem Licht lesen?

Wenn wir bei schummrigen Lichtverhältnissen lesen, müssen sich unsere Augen anstrengen, um etwas zu erkennen. Davon bekommt man dann manchmal Kopfschmerzen. Wissenschaftler rätseln noch, ob man vom Lesen kurzsichtig werden kann. Schwaches Licht würde die Wahrscheinlichkeit noch erhöhen. Deshalb ist es immer besser, bei gutem Licht zu lesen.

Was wird bei einem Sehtest untersucht?

Bei einem Sehtest wird überprüft, wie scharf wir Dinge in der Nähe und in der Ferne erkennen. Für die Nahsicht wird festgestellt, wie gut wir Dinge in einem Abstand von etwa 30 Zentimetern wahrnehmen. Diese Distanz ist für das Lesen wichtig. Der Sehtest für die Fernsicht prüft die Sehschärfe ab Entfernungen von einem Meter und mehr. Die Fernsicht ist lebenswichtig: Nur wenn du Dinge in der Ferne scharf siehst, kannst du dich im Straßenverkehr sicher bewegen. Ein Sehtest ist einfach und tut nicht weh. Du musst nur Buchstaben oder Zahlen auf einer Tafel lesen — fertig! Jedes Auge muss scharf sehen können. Deshalb wird jedes Auge einzeln geprüft.

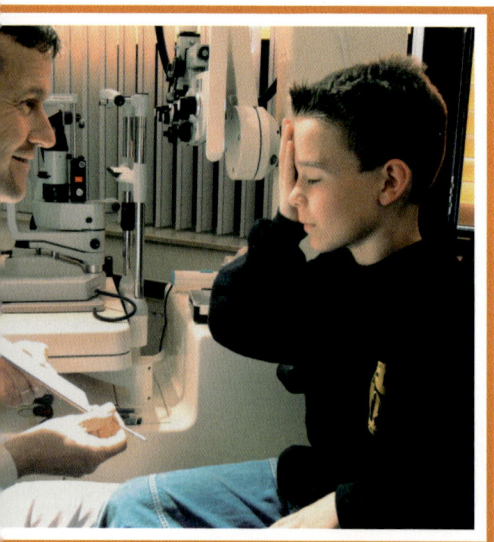

Beim Sehtest wird jedes Auge einzeln geprüft.

Warum können viele ältere Menschen ohne Brille nicht lesen?

Das liegt an der Hornhaut, durch die die Lichtwellen in das Auge einfallen. Wir sehen nur scharf, wenn die Hornhaut sich — je nachdem, ob wir etwas in der Nähe oder Ferne ansehen wollen — entsprechend krümmt. Im Lauf der Jahre verhärtet die Hornhaut, sie verliert ihre Biegsamkeit. Das ist der Grund, warum viele im Alter Dinge in der Nähe nicht mehr so scharf sehen können.

Sehen Menschen, die farbenblind sind, alles schwarz-weiß?

Ja. Zum Glück sind aber nur sehr wenige Menschen richtig farbenblind. Etwa einer von 30.000 Menschen leidet daran. Weil die Zapfen, die für das farbige Sehen zuständig sind, nicht arbeiten, sehen sie alles schwarz-weiß. Es gibt viele Menschen, die von sich sagen, sie seien farbenblind. Damit meinen sie meist, dass sie eine bestimmte Farbe nicht erkennen können. Diese Störung ist eigentlich eine Farbfehlsichtigkeit. Am häufigsten ist die Rot-Grün-Sehschwäche. Wer diese Farben sehr schlecht oder gar nicht unterscheiden kann, darf bestimmte Berufe wie zum Beispiel Feuerwehrmann, Polizist oder Berufskraftfahrer nicht ausüben.

Was sind Kontaktlinsen?

Viele Menschen müssen eine Brille tragen, weil ihre Augen auf bestimmte Distanzen nicht scharf

Je jünger, desto näher …

…sehen wir Dinge scharf. Fünfjährige Kinder sehen Dinge scharf, die nur fünf Zentimeter von ihrem Auge entfernt sind. Für junge Erwachsene liegt die Mindestentfernung, bei der man einen Gegenstand scharf sieht, bei zehn Zentimetern, bei 40-Jährigen sind es 25 Zentimeter, bei 70-Jährigen sogar zwei Meter!

Sinnesorgane

sehen. Sie sind entweder kurz- oder weitsichtig. Manchmal, zum Beispiel beim Sport, kann es lästig sein, eine Brille zu tragen. Deshalb gibt es Kontaktlinsen. Kontaktlinsen sind aus Kunststoff und werden direkt auf den Augapfel gesetzt. Wie eine Brille lenken sie die Lichtstrahlen, die auf das Auge fallen, so um, dass wir scharf sehen.

Warum haben wir manchmal nach dem Schlafen „Sand" im Auge?

Schade! Den Sandmann gibt es nur im Märchen. Das, was wir uns morgens aus den Augenwinkeln reiben, ist kein Sand, sondern eingetrocknete Tränenflüssigkeit. Sie enthält nicht nur Wasser, sondern auch Salz, Fett und Eiweiß. Wenn die Augen geschlossen sind, wird keine Tränenflüssigkeit produziert. Deswegen wird das Fett in der Augenflüssigkeit trocken. Dabei entstehen kleine gelbe Körnchen. Fett, vermischt mit ein wenig Salz — das ist es, was sich hinter dem Traumsand des Sandmännchens verbirgt!

Der Sand in den Augen ist eingetrocknete Tränenflüssigkeit.

Modisches Accessoire

Mit farbig bedruckten Kontaktlinsen kann man seine Augenfarbe ändern. Wer blaue Augen hat, bekommt mit einer Spezialkontaktlinse braune oder grüne Augen. Es gibt auch ausgefallene Designs, mit denen die Augen wie Katzenaugen oder wie kleine Smileys aussehen. Solche Linsen werden oft Schauspielern eingesetzt, wenn die Rolle es erfordert.

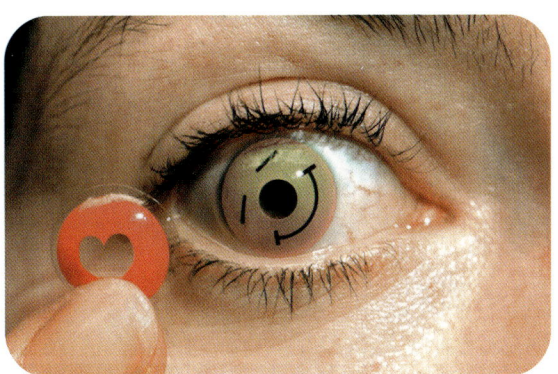

Farbige Kontaktlinsen verändern das Auge.

Warum wird Eiskunstläufern bei einer Pirouette nicht schwindelig?

Eiskunstläufer legen beim schnellen Drehen automatisch den Kopf zur Seite. Dadurch kommen die empfindlichen Gleichgewichtsorgane im Ohr ziemlich nah an ihre eigene Drehachse. So können sich die störenden Fliehkräfte, die den Schwindel erzeugen, nicht so stark auswirken. Außerdem schließen Eiskunstläufer ihre Augen, sodass sie nicht sehen, wie schnell sich alles dreht.

Wie funktionieren unsere Gleichgewichts- organe?

Der Gleichgewichtssinn ist eng mit den Augen und den Reflexen verbunden. Das Organ dafür befindet sich im Innenohr und besteht aus den sogenannten Bogengängen. Diese sind mit Flüssigkeit gefüllt, die mit unseren Bewegungen ihre Lage verändert. Sinneszellen, die in die Flüssigkeit hineinragen, melden jede Bewegung zum Kleinhirn. Hier werden alle Informationen gespeichert und miteinander verglichen. Wenn das Gleichgewicht schwankt, bekommen die Körperteile von dort Signale, um das Gleichgewicht wiederherzustellen.

Dank des Gleichgewichtssinnes können wir balancieren.

Warum wird vielen Menschen in großer Höhe schwindelig?

Ob man schwindelfrei ist, hängt vom Gleichgewichtssinn ab. In großer Höhe schwanken der Kopf und der Körper ein wenig, um scharf zu sehen. Dieses Schwanken wird vom Gleichgewichtsorgan ausgeglichen. Menschen mit einem guten Gleichgewichtssinn können ihren Körper recht stabil halten und ohne Probleme vom Dach eines Hochhauses herunterschauen. Wenn man dagegen Angst bekommt, ist der Gleichgewichtssinn weniger gut ausgeprägt. Dann sollte man besser auf seine „innere Stimme" hören und große Höhen meiden — im schlimmsten Fall besteht nämlich Sturzgefahr.

Warum können wir uns selbst nicht riechen?

Wir nehmen nur die Düfte wahr, die sich von Gerüchen unterscheiden, mit denen wir immer umgeben sind. Mit unserem eigenen Körpergeruch sind wir so sehr vertraut, dass wir ihn nicht mehr wahrnehmen. Wie stark es auf die Veränderung oder Gewöhnung ankommt, zeigt der Geruch von „miefiger" Wäsche. Kleidung, die wir längere Zeit getragen haben, kommt uns unangenehm vor, wenn wir sie ausziehen und daran schnuppern: Sie riecht dann oft nach Schweiß oder Essen!

Wie funktioniert das Riechen?

Alles, was duftet, gibt Moleküle, also kleinste Teilchen ab. Diese Duftmoleküle gelangen beim Einatmen in unsere Nase, wo sie auf rund drei Millionen Riechzellen treffen. Jede Riechzelle hat Reizempfänger, die auf einen Duftstoff spezialisiert sind. Sobald ein Duftstoffmolekül an dem Reizempfänger einer Riechzelle „andockt", löst der Duftstoff in der Zelle einen elektrischen Impuls aus. Die Zelle leitet ihn an das Gehirn weiter. Wir können rund 10.000 Düfte unterscheiden.

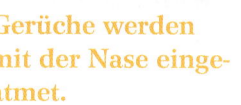
Gerüche werden mit der Nase eingeatmet.

Sinnesorgane

Wieso läuft die Nase, wenn wir erkältet sind?

Wenn wir Schnupfen haben, befallen Viren die Schleimhaut in der Nase und veranlassen die Zellen, nur noch Erreger zu produzieren. Danach sterben die befallenen Zellen ab. Doch in der Regel lässt der Körper sich das nicht gefallen! Die Schleimhaut

Bei Schnupfen läuft die Nase.

entzündet sich und produziert verstärkt Schleim, der die Erreger wegschwemmen soll. Die Folge: Die Nase läuft und läuft. Dass wir uns so schlapp fühlen, wenn wir Schnupfen haben, hängt auch damit zusammen, dass wir nichts riechen können.

Warum ist es wichtig, dass man mit beiden Ohren gut hört?

Die Antwort auf diese Frage kannst du in einem Experiment selbst herausfinden. Stelle dich in eine Ecke des Zimmers, und zwar mit dem Kopf zur

Wand. Bitte jemanden, sich etwas weiter seitlich von dir hinzustellen und zu klatschen. Kannst du erkennen, aus welcher Richtung das Geräusch kommt? Wahrscheinlich nicht. Wir brauchen beide Ohren, um herauszufinden, woher der Laut kommt. Das ist vor allem im Straßenverkehr wichtig. Es gibt aber noch einige andere Vorteile: Mit zwei Ohren können wir Gesprochenes von der Geräuschkulisse im Hintergrund viel leichter trennen und wir hören insgesamt besser.

Warum wird vielen Menschen im Auto schlecht?

Unsere Sinneseindrücke geraten auf der Fahrt durcheinander: Wenn das Auto eine kurvenreiche Strecke fährt, melden die Sensoren in der Haut und in den Muskeln an das Gehirn, dass du dich bewegst. Liest du dabei, gaukelst du dem Gehirn aber vor, dass du ruhig sitzt. So bekommt es zwei verschiedene Meldungen — Bewegung und Ruhe. Das passt nicht zusammen und dir wird schlecht. Oft hilft, wenn du geradeaus schaust und Dinge in der Ferne fixierst. Deshalb wird auch dem Fahrer nie schlecht.

Vielen Kindern wird im Auto schlecht.

Warum haben wir zwei Nasenlöcher?

Die Luft, die wir über die Nasenlöcher einatmen, strömt in der Luftröhre zusammen. So gesehen, würde uns ein Nasenloch reichen. Warum haben wir trotzdem zwei? Bis ins letzte Detail hat die Wissenschaft dieses Rätsel nicht gelöst. Aber es gibt einen Hinweis: Die Nasenlöcher wechseln sich beim Atmen ab. Möglicherweise dient das dazu, dass sich die Riechzellen erholen können. Aber das ist nur eine Vermutung.

Warum schmeckt man fast nichts, wenn man sich die Nase zuhält?

Riechen und Schmecken gehören zusammen. Wenn wir kauen und schlucken, öffnet sich das Gaumensegel, das zwischen Mund und Nase liegt, immer wieder und macht den Weg für die Aromamoleküle frei. Übrigens ist der Geschmackssinn viel weniger ausgeprägt als der Geruchssinn: Für rund 80 Prozent beim Schmecken ist eigentlich der Geruchssinn verantwortlich, nur 20 Prozent nehmen wir tatsächlich im Mund wahr. Das hat einen Vorteil. Essen, das dir nicht schmeckt, oder Medizin, die du widerlich findest, bekommst du leichter hinunter, wenn du dir die Nase zuhältst.

Wenn du dir die Nase zuhältst, schmeckst du bittere Medizin kaum.

Wieso läuft die Nase, wenn wir etwas Scharfes essen?

Beim Essen wandern die Geschmacksdämpfe durch den Mund und die Nase zum Riechzentrum im Gehirn. Wenn etwas Scharfes auf der Zunge brennt, nimmt das Gehirn diesen Sinnesreiz nicht als Geschmack, sondern als Schmerz wahr. Genauso ist es, wenn wir etwas Heißes essen — Hitze tut weh. Sobald das Schmerzsignal im Gehirn angekommen ist, sendet dieses den Befehl an die Nase und die Augen, mehr Schleim und Tränenflüssigkeit zu produzieren. Auf diese Weise werden die Sinnesorgane vor Austrocknung und Schadstoffen geschützt.

Warum ist der Geschmackssinn lebenswichtig?

Das Auge hilft uns nicht immer, bekömmliche Nahrung von Dingen zu unterscheiden, die essbar aussehen, aber giftig und damit schädlich oder sogar tödlich sind. Das macht die Zunge mit ihren Geschmacksknospen. Dabei spielen die 25 verschiedenen Bitterrezeptoren eine besondere Rolle. Ein Rezeptor ist ein sensibler Reizempfänger. In diesem Fall ist jeder Bitterrezeptor darauf spezialisiert, einen bestimmten Bitterstoff zu erkennen. Die meisten natürlichen Gifte, die in Pflanzen und Pilzen vorkommen, schmecken näm-

Sinnesorgane

Wissenswertes über den Geruchssinn

Menschen, die ihren Geruchssinn verloren haben, nennt man nasenblind. Rund fünf von 100 Menschen sind davon betroffen. Nicht riechen zu können ist nicht nur unangenehm, es macht das Leben auch unsicher: Man kann viele Gefahren in der Ferne nicht wahrnehmen, zum Beispiel Brand- oder Gasgeruch.

lich bitter. Doch nicht alles, was bitter ist, muss giftig sein. Auch in Rucola, Chicorée und Artischocken sind Bitterstoffe enthalten.

Warum stecken Babys und Kleinkinder alles in den Mund?

Babys und Kleinkinder nehmen die Welt anders wahr als ältere Kinder und Erwachsene. In den ersten Lebensjahren ist nicht der Sehsinn, sondern der Tastsinn am besten entwickelt. Im Mund und vor allem auf der Zunge befinden sich die meisten Tastpunkte. Indem Babys Dinge in den Mund nehmen, machen sie sich ein Bild von ihnen. Mit etwa sechs Monaten können sie mit den Händen unterschiedliche Materialien genauso gut wahrnehmen wie mit dem Mund.

Babys stecken alles in den Mund.

Warum können wir mit der Zunge besser tasten als mit der Hand?

Zunge und Finger haben eine unterschiedlich ausgeprägte Tastempfindlichkeit. Das hängt damit zusammen, dass ihre Tastkörperchen unterschiedlich dicht angesiedelt sind. Je mehr Tastkörperchen, desto empfindlicher der Tastsinn. Die Zungenspitze hat die meisten Tastkörperchen unter den Sinnesorganen, mit ihr können wir also feinere Unterschiede spüren.

Warum empfinden wir 25 Grad Celsius im Wasser kälter als an der Luft?

Ob wir eine Temperatur als kalt oder warm empfinden, hängt nicht nur von der gemessenen Temperatur ab. Es kommt auf die Wohlfühltemperatur an. Und die kann bis zu sieben Grad schwanken! Wenn wir in einem geschlossenen Raum sitzen, finden wir 24 Grad Celsius angenehm. Sind wir körperlich aktiv, reichen 17 Grad Celsius. In der Luft beträgt die Wohlfühltemperatur 25 Grad Celsius, im Wasser ist sie höher, dort liegt sie bei 31 bis 36 Grad Celsius. Deshalb frieren wir sehr schnell im Wasser, weil es Wärme von unserem Körper ableitet.

Warum hat unser Körper immer dieselbe Temperatur?

Der Körper hat eine Art „Heizung", die ihn immer auf einer Temperatur von 36 bis 37 Grad Celsius hält. Nur bei dieser Temperatur funktioniert er optimal. Jede einzelne Zelle produziert durch ihren Stoffwechsel Wärme. Das heißt, die Körperzellen zerlegen die Nahrungsbestandteile, wodurch Wärme entsteht. Das Gehirn besitzt eine Art Temperaturfühler. Ist der Körper zu heiß, sondert er Schweiß ab, um abzukühlen. Wenn wir frieren, produzieren die Zellen mehr Wärme.

Was passiert bei einer Körpertemperatur weit unter 37 Grad Celsius?

Jeder kennt das Gefühl: Wenn wir uns lange in der Kälte aufgehalten haben, beginnen wir zu frieren. Wenn der Körper unter 36 Grad Celsius abkühlt, dann empfinden wir das bereits als kalt, bei einer Temperatur unter 35 Grad Celsius schüttet das Gehirn Adrenalin aus, um die Körperfunktionen anzukurbeln: Die Muskeln beginnen zu zittern, Atem und Puls gehen schneller. Ab 33 Grad Celsius werden die Körperfunktionen deutlich verlangsamt: Man atmet langsamer, Pulsfrequenz und Blutdruck sinken. Die Muskeln werden kälter und auch steifer. Bei einer Körpertemperatur unter 30 Grad Celsius droht Bewusstlosigkeit.

Bei Kälte sinkt unsere Körpertemperatur.

Warum schwitzt man?

Wenn es im Sommer sehr warm wird oder wenn wir uns anstrengen, schwitzen wir. Sehr warm heißt über 29 Grad Celsius. Warum schwitzen wir bereits bei dieser Temperatur? Durch den Stoffwechsel und die Muskelarbeit erzeugt unser Körper ständig Wärme. Einen Teil der Wärme geben wir beim Ausatmen ab. Wenn wir nicht genügend über die Atemluft abkühlen, scheidet der Körper auf der Körperoberfläche Wasser aus — wir schwitzen. Wenn auf der Haut Schweiß verdampft, verliert der Körper Wärme, er kühlt ab.

Schon ab 29 Grad Celsius schwitzen wir.

Was passiert, wenn der Körper überhitzt wird?

Wenn man sich zu lange in der prallen Sonne aufhält, nicht genügend trinkt und schwitzt, kann sich der Körper überhitzen. Die Folge: ein Hitzschlag. Man bekommt Kopfschmerzen und fühlt sich sehr erschöpft, in schlimmen Fällen kann es einem auch übel und schwindelig werden; manche werden sogar bewusstlos.

Sinnesorgane

Am besten hilft, wenn man sich in einem kühlen, sonnengeschützten Raum aufhält und den Körper langsam abkühlen lässt. Um einen Hitzschlag zu vermeiden, sollte man sich also nicht zu lange in der prallen Sonne aufhalten und immer ausreichend trinken, am besten Wasser.

Kann man auch im Wasser schwitzen?

Komische Frage! Das Wasser ist doch meistens viel kälter als wir selbst — wie soll man da schwitzen? Doch so abwegig ist der Gedanke nicht. Wenn wir ausdauernd und schnell schwimmen, verbrennen wir sehr viel Energie und erzeugen dabei viel Wärme. Das Wasser leitet diese Wärme sehr viel besser ab als Luft — deshalb merken wir nicht, dass wir auch im Wasser schwitzen. Dennoch, so die Wissenschaftler, schwitzen wir auch beim Schwimmen: Leistungsschwimmer verlieren pro Stunde ungefähr einen drittel Liter Schweiß.

Warum bekommt man manchmal einen roten Kopf?

Wenn wir uns anstrengen, versucht der Körper überschüssige Wärme über die Haut nach außen abzugeben. Dazu erhöht er nicht nur die Schweißproduktion, sondern öffnet auch die unmittelbar unter der Hautoberfläche gelegenen Blutgefäße. Die werden dann von viel Blut durchströmt, das die rote Farbe erzeugt. Ein anderer Grund ist ein psychologischer. Die Haut zeigt der Umgebung, wie man sich gerade fühlt. Meistens befindet man sich in einer stressigen Situation, wenn man rot wird, zum Beispiel, wenn man sich schämt oder beson-

ders aufgeregt ist. Auch dann erweitern sich die Blutgefäße. Im Gesicht sieht man es meistens besonders gut — hier liegen die Blutgefäße sehr dicht unter der Haut. Übrigens ist die Haut unser größtes Sinnesorgan.

Warum muss man viel trinken, wenn man im Sommer Sport treibt?

Beim Sport verbrennt der Körper sehr viel Energie. Wenn es im Sommer heiß ist, schwitzen wir schon aufgrund der hohen Temperaturen. Dazu kommt, dass sich der Körper durch die Bewegung aufheizt und wir noch mehr schwitzen. Dabei verlieren wir sehr viel Flüssigkeit. Damit wir nicht austrocknen, müssen wir viel trinken. Am besten eignen sich lauwarme Getränke, sie kühlen den Körper ab. Warum keine kalten Getränke? Der Körper muss sie erst anwärmen. Die Folge: Wir schwitzen noch mehr!

Beim Sport müssen wir viel trinken.

Welche Aufgaben hat die Haut?

Unsere Haut hat eine ganze Menge Aufgaben. Mit die wichtigste ist, uns zu schützen. Das kann man zum Beispiel bei einem leichten Sturz sehen, wenn die Haut abgeschürft, das Gewebe darunter aber unversehrt geblieben ist. Die Haut ist außerdem auch ein Organ mit vielen Sinneszellen. Mit ihr fühlen wir zum Beispiel, ob etwas heiß oder kalt, hart oder weich, spitz oder stumpf, manchmal auch schmerzhaft ist. Doch das ist längst nicht alles: Wenn wir uns sehr anstrengen, öffnen sich die Schweißdrüsen. Damit verhindert die Haut, dass sich der Körper überhitzt.

Was sind Albinos?

Hast du schon mal weiße Tiere mit roten Augen gesehen? Sie leiden unter einer Erbkrankheit, Albinismus genannt. Auch Menschen können damit geboren werden. Betroffene haben zu wenige oder gar keine Pigmente. Das sind die Stoffe, die der Haut, den Augen und den Haaren ihre Farbe geben. Die meisten Albinos sind zusätzlich sehbehindert und werden von der Sonne leicht geblendet. Albinismus ist angeboren und nicht heilbar. Deshalb müssen Betroffene ihre Haut besonders gut schützen.

Albinos haben fast keine Pigmente für Haut, Haare und Augen.

Warum gibt es verschiedene Hautfarben?

Ob man hell- oder dunkelhäutig ist, wird von den Eltern vererbt. Die Hautfarbe bleibt ein Leben lang gleich, egal in welcher Gegend man lebt. Betrachtet man die Entwicklungsgeschichte des Menschen, sieht man aber, dass sich die Hautfarben ursprünglich aufgrund der Sonneneinstrahlungen

Dunkelhäutige Menschen haben mehr Melanin als hellhäutige.

bildeten. In Afrika, wo die Sonne das ganze Jahr über sehr stark scheint, sind die meisten Menschen dunkelhäutig. Das heißt, dass sie sehr viel von dem Farbmittel Melanin in der Haut haben. Melanin schützt die Haut vor Schäden durch Sonnenstrahlen. In nördlichen Gegenden, wo nur im Sommer die Sonne stark scheint, hat sich über Jahrtausende ein hellerer Hauttyp entwickelt. Doch auch Menschen mit heller Haut haben Melanin und können braun werden. Melanozyten, das sind spezielle Hautzellen, stellen das Melanin her. Das Sonnenlicht und der Blutsauerstoff bewirken, dass sich die Haut rötlich-braun färbt. Den Farbstoff in der Haut nennt man übrigens auch Pigment.

Haut, Haare, Zähne

Warum verblasst die Sommerbräune so schnell?

Die Hautzellen in den obersten Hautschichten werden alle 28 Tage abgestoßen. Darunter erscheint dann ungebräunte helle Haut. Wer seine Bräune möglichst lange erhalten will, sollte die Haut pfleglich behandeln. Peelings, die die Haut schälen, solltest du auf keinen Fall verwenden. Am besten tupfst du dich nach dem Duschen vorsichtig mit dem Handtuch ab und cremst dich ein.

Warum ist die Haut alter Leute oft fleckig?

Gesicht und Hände sind der Sonne am stärksten ausgesetzt. Wenn ältere Menschen dunkle Flecken auf der Haut haben, dann spricht man von Altersflecken. Sie entstehen, weil die Haut im Lauf des Lebens zu viel UV-Strahlung, das heißt ultraviolette Strahlung, von der Sonne abbekommen hat. Diese Strahlung ist schädlich. Sie bewirkt unter anderem, dass verstärkt Melanin produziert und dauerhaft in den Zellen eingelagert wird. Altersflecken sind zwar ungefährlich. Trotzdem sollte man seine Haut vor UV-Strahlung schützen und sich immer eincremen, bevor man in die Sonne geht.

Warum ist ein Sonnenbrand so gefährlich?

Wer sich nicht vor der Sonne schützt, riskiert, dass die Haut und die Augen geschädigt werden. Man

Wissenswertes über Sonnenschutz

Schnee und Sand reflektieren Sonnenstrahlen — achte daher besonders beim Skifahren und am Strand darauf, dass du eine Sonnenbrille trägst und Sonnenschutzmittel mit hohem Lichtschutzfaktor (mindestens 15) verwendest. Im Sommer solltest du deine Haut immer mit Sonnencreme einreiben, bevor du nach draußen gehst. Schatten und ein breitkrempiger Hut schützen ebenfalls. Gehe an sehr heißen Tagen nicht zwischen elf und 15 Uhr in die Sonne, da die Sonneneinstrahlung um diese Zeit am gefährlichsten ist.

Eine Sonnenbrille schützt die Augen.

kann sich sehr schnell einen Sonnenbrand oder sogar eine Bindehautentzündung zuziehen. Dann brennt die Haut, die Augen jucken. Weil beides sehr schnell eintritt, nennen Ärzte diese Folgen „akute Wirkungen". Wenn man oft einen Sonnenbrand hat, altert die Haut schneller, es bilden sich Falten und Altersflecken. Es kann sogar zu Hautkrebs kommen. Das ist eine sehr gefährliche Hauterkrankung. Im schlimmsten Fall lässt sich Hautkrebs nicht mehr heilen und führt zum Tod. Deshalb ist Sonnenschutz sehr wichtig.

Kann man an den Fußsohlen einen Sonnenbrand bekommen?

Solange man auf den Füßen unterwegs ist, natürlich nicht. Wer aber auf dem Bauch liegt und die Fußsohlen der Sonne aussetzt, kann davon rote Füße bekommen — und das tut besonders weh! Die Haut an den Fußsohlen produziert nämlich kein Melanin und kann daher nicht braun werden. Deshalb solltest du am besten auch deine Fußsohlen eincremen, bevor du ein Nickerchen in der Sonne machst.

Man kann auch an den Fußsohlen Sonnenbrand bekommen.

Sind Leberflecke gefährlich?

Leberflecke sind normalerweise harmlos. Entweder sind sie schon von Geburt an da oder sie entwickeln sich im Laufe der Zeit. Wie viele man davon bekommt, hängt damit zusammen, wie lange und wie oft man in der Sonne ist. Je mehr Sonne, desto mehr Flecke. Und da liegt das Problem. Durch die Sonnenstrahlung verändern sich die Flecke manchmal in der Farbe, Form und Größe. Manche Veränderungen sind

Wissenswertes über die Haut

Die Haut ist unser größtes Organ. Je nachdem, wie groß ein Mensch ist und wie viel er wiegt, ist sie eineinhalb bis zwei Quadratmeter groß. Die Haut ist auch ganz schön schwer: Über ein Sechstel unseres Körpergewichts geht auf ihr Konto.

bösartig — dann spricht man von Hautkrebs. Je mehr Leberflecke man hat, desto größer ist das Risiko, dass sie sich verändern. Deshalb ist es sehr wichtig, seine Leberflecke immer genau zu beobachten. Man sollte sie auch regelmäßig von einem Hautarzt kontrollieren lassen.

Warum bekommt man Falten, wenn man älter wird?

Auch wenn sich unsere Haut regelmäßig erneuert, beginnt sie bereits zu altern, wenn man 25 Jahre alt ist. Sie wird trockener, weil sie schlechter Feuchtigkeit speichern kann. Da die Haut nicht mehr elastisch genug ist, entstehen Falten, die tiefer werden, je älter man wird. Hautfalten entstehen auch, wenn man einzelne Gesichtsmuskeln sehr häufig anspannt, zum Beispiel die Stirn runzelt oder die Augenbrauen zusammenzieht. Um die

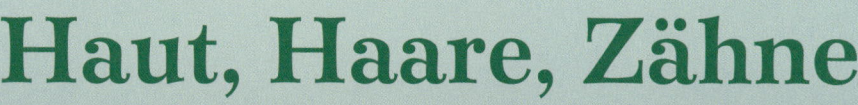

Lachfältchen machen sympathisch.

Haut, Haare, Zähne

Augen und den Mund herum entstehen Falten, wenn man sehr viel lacht. Diese Falten machen ein Gesicht schöner und ausdrucksstärker — Menschen, die viel lachen, mag man lieber.

Warum wellt sich die Haut an den Händen und Füßen nach dem Baden?

An den Händen und Füßen ist die Haut besonders dick. Wenn wir längere Zeit schwimmen oder in der Badewanne sitzen, saugen sich die Hautzellen mit Wasser voll. Dann quillt die Haut auf und wölbt sich. An den Stellen, an denen die Haut dünner ist, quillt die Haut nicht so stark auf.

Warum bekommt man Augenringe, wenn man schlecht geschlafen hat?

Das passiert zum Beispiel, wenn Erwachsene lange feiern oder viel Stress haben und sich auch nachts kaum erholen können: Morgens, wenn sie aufstehen, ist die Haut unter ihren Augen dunkel. Man spricht dann von Augenringen. Bei Übermüdung erschlafft die ohnehin dünne Haut unter den Augen und die Blutäderchen schimmern stärker hindurch. Manchmal sammelt sich auch Gewebsflüssigkeit dort an. Dann sind

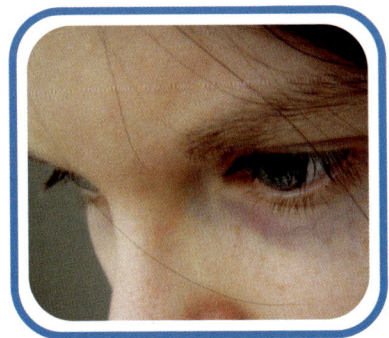

Wer zu wenig Schlaf hat, bekommt schnell Augenringe.

die Augen zusätzlich noch geschwollen. Was hilft? Am besten so bald wie möglich ausschlafen, denn zu wenig Schlaf macht krank.

Warum kratzen manche Pullis?

Pullover aus Schurwolle fühlen sich sehr unangenehm auf der Haut an. Das liegt daran, dass ein Wollhaar genauso aufgebaut ist wie ein menschliches Haar. Es wird umhüllt von einer Schuppenschicht. Wenn die Schuppen nicht anliegen, sondern abstehen, dann kratzen sie. Natürlich bemühen sich die Hersteller, nur Tierhaare zu verwenden, bei denen die Schuppen anliegen. Je glatter die Haarstruktur der Wolle ist, desto teurer sind die Pullover. Dafür kratzen sie dann auch nicht.

Wieso kann man einen Menschen anhand des Fingerabdrucks identifizieren?

Wenn man einen Fingerabdruck unter die Lupe nimmt, dann sieht man das Abbild der Papillarleisten des Fingers. Papillarleisten nennt man die feinen Rillen, die sich nicht nur an der Innenseite der Finger und der Hand, sondern auch an den Fußsohlen und den Zehen befinden. Diese Linien sind bei jedem Menschen verschieden, sogar bei eineiigen Zwillingen. Sie werden im dritten Schwangerschaftsmonat ausgebildet und bleiben ein Leben lang gleich. Deshalb kann die Kriminalpolizei einen Täter sogar noch nach vielen Jahren anhand des Fingerabdrucks überführen.

Der Fingerabdruck ist bei jedem Menschen anders.

Warum bekommt man von neuen Schuhen Blasen an den Füßen?

Neue Schuhe sind den Rundungen des Fußes noch nicht perfekt angepasst. Wenn du Pech hast, drücken sie sogar an mehreren Stellen. Beim Gehen reibt der Schuh ständig an der Haut des Fußes. Dabei bildet sich zwischen der äußeren Hornhaut und der darunterliegenden Lederhaut im Fuß ein kleiner Spalt, in den Gewebsflüssigkeit läuft. Je mehr Flüssigkeit sich ansammelt, desto größer wird die Blase. Was tun? Nicht aufschneiden, denn sonst können Bakterien eindringen und eine Entzündung hervorrufen. Am besten ein Pflaster darüberkleben und warten, bis sich darunter die neue Haut gebildet hat.

Warum bekommen wir bei Kälte eine Gänsehaut?

Auf unserem Körper befinden sich viele Härchen. Jedes einzelne dieser Haare sitzt auf einem kleinen Muskel. Wenn es kalt wird, ziehen sich die Muskeln zusammen. Das Haar richtet sich auf, wobei winzige Beulen auf der Haut entstehen — wir bekommen eine „Gänsehaut". Diese Reaktion ist ein Erbe aus einer Zeit, als wir noch am ganzen Körper behaart waren und keine Kleidung tru-

Wenn wir frieren, bekommen wir eine Gänsehaut.

gen. Wenn sich die Haare aufstellen, entstehen um sie herum kleine Luftpolster, die die Haut wärmen. Diese Reaktion diente ursprünglich dazu, auf den Feind gefährlicher zu wirken.

Wie verheilen Wunden?

Wunden tun meistens weh, viele sind aber zum Glück nicht ernst. Schürfwunden verheilen in der Regel sehr schnell. Anfangs blutet die Wunde, dabei werden Fremdkörper herausgespült. Nach einer Weile gerinnt das Blut und bildet den Wundschorf, eine Kruste, die die Wunde verschließt. Darunter bekämpfen die weißen Blutkörperchen die Keime, die sich in der Wunde befinden. Schließlich wird neues Hautgewebe gebildet.

Warum bleibt nach einer Verletzung eine Narbe?

Das Gewebe über einer verheilten Wunde hat eine andere Struktur. Deshalb sieht es auch anders aus als das alte Gewebe. In der neu gewachsenen Haut sind keine Haare und keine Pigmente (Farbstoffe) enthalten. Ist die Wunde verheilt und der Schorf abgefallen, ist die Haut an dieser Stelle heller und bleibt als Narbe sichtbar.

Wie näht man Wunden?

Die meisten Wunden heilen von selbst. Ist der Riss in der Haut aber so groß, dass die Hautstücke weit auseinanderklaffen, muss die Wunde geklammert

Haut, Haare, Zähne

Bei kleineren Wunden reicht ein Pflaster.

oder genäht werden. Nur so kann man verhindern, dass Keime in die Wunde kommen oder eine große Narbe entsteht. Damit die Einstiche beim Nähen nicht wehtun, wird die Stelle betäubt. Dann wird die Wunde gesäubert. Mit einer Nadel und einem Spezialfaden näht der Arzt die Haut wieder aneinander. Sie bildet neue Zellen und wächst so wieder zusammen. Entweder verwendet der Arzt einen Spezialfaden, der sich von selbst auflöst oder man muss nach einigen Wochen nochmals zum Arzt. Dann werden die Fäden gezogen.

Wieso bekommt man am Kopf eine Beule, wenn man sich stößt?

Sicher hast du dir schon mal den Kopf gestoßen. Erst tut es weh und dann bekommt man auch noch eine Beule! Sie entsteht, weil bei dem Stoß Blutgefäße im Unterhautzellgewebe zerreißen, aus denen dann Blut ins umliegende Gewebe fließt. Es tritt eine Schwellung auf, die sofort gekühlt werden sollte.

Können die Löcher für Ohrringe wieder zuwachsen?

Ob die Löcher in den Ohrläppchen wieder zusammenwachsen, hängt hauptsächlich davon ab, wie lange die Ohrringe getragen wurden. Solange das Ohrloch noch eine Wunde ist, kann es wieder verheilen und zuwachsen. Hat man jedoch schon einige Zeit dauerhaft Ohrschmuck getragen, bleibt der durchgestochene Kanal meist bestehen. Er ist dann auch nach Jahren noch als kleiner Narbenpunkt im Ohrläppchen zu erkennen.

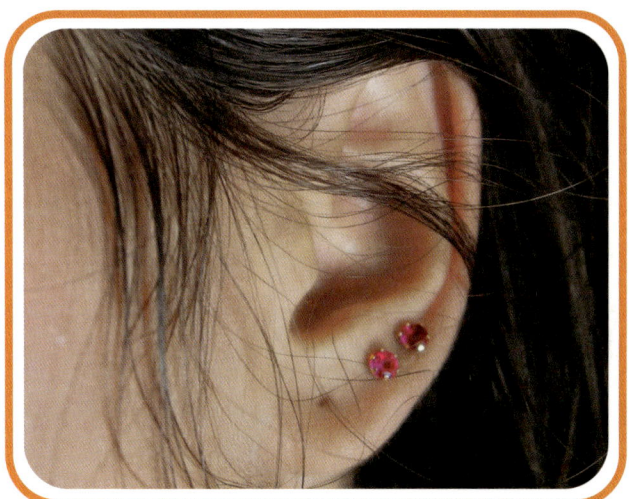

Verheilte Ohrlöcher wachsen meistens nicht mehr zu.

Wie entstehen Warzen und was hilft dagegen?

Warzen sind gutartige Hautwucherungen, die von rund 70 verschiedenen Viren ausgelöst werden. Deshalb sind Warzen ansteckend. Um zu verhindern, dass du Warzen bekommst, solltest du im Schwimmbad Badeschuhe tragen und deine Hände möglichst oft waschen und gut abtrocknen. Kinder sind besonders anfällig für Warzen, weil ihr Abwehrsystem noch nicht ganz ausgereift ist. Doch es gibt einen Trost: Oft verschwinden die Warzen von selbst. Wenn nicht, dann kannst du sie vom Arzt entfernen lassen.

Warum tut Haareschneiden nicht weh?

Beim Haareschneiden spürt man keinen Schmerz, weil Haare nicht mit Nerven durchzogen sind. Warum nicht? Diese Frage kann man am besten mit einem Vergleich beantworten. Was haben ein Haar und eine Tulpe gemeinsam? Die Zwiebel, aus der beide herauswachsen. Ganz unten in der Haarzwiebel ist die Haarpapille, ein kleines Bläschen, das dem Haar die Nährstoffe liefert. Die Haarpapille ist mit Blutgefäßen und Nerven durchzogen, deshalb spürt man es, wenn man sich ein Haar ausreißt. Das Haar selbst besteht aus Zellen, die noch in der Haarzwiebel verhornt werden. Die Zellen werden hart und nach außen geschoben. So wächst das Haar.

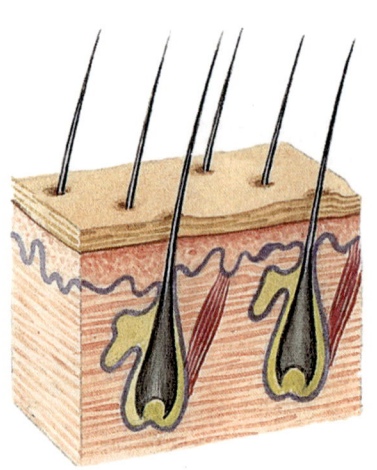

Jedes Haar wächst aus einer Haarzwiebel heraus.

Was haben Haare, Finger- und Fußnägel gemeinsam?

Haare, Finger- und Fußnägel bestehen aus Horn. Der Hauptbestandteil von Horn ist Keratin, ein Eiweiß, das für Stabilität und Form der Zellen verantwortlich ist. Haare sind zum größten Teil totes Material, das aufgrund des Keratins sehr widerstandsfähig ist. Nur die Haarwurzeln sind lebendig und sorgen für Wachstum. Ähnlich sind die Finger- und Zehennägel aufgebaut. In der Haut ist Keratin hauptsächlich in der äußeren Schicht (Epidermis) gelagert und schützt vor Umwelteinflüssen. Kera-

tin ist übrigens auch der Hauptbestandteil von Reptilienschuppen, Federn, Fell, Hufen, Klauen, Hörnern und Geweihen.

Warum gibt es verschiedene Haarfarben?

Wie bei der Haut ist auch bei den Haaren das Melanin für die Farbe verantwortlich. Es gibt zwei verschiedene Melanin-Typen, Eumelanin und Phäomelanin. Eumelanin ist typisch für dunkles, braunschwarzes Haar; Phäomelanin ist besonders in hellen und roten Haaren enthalten. Die individuelle Haarfarbe hängt von der Mischung ab: Das Haar von blonden und rothaarigen Menschen hat verhältnismäßig viel Phäomelanin und wenig Eumelanin, bei dunklem Haar ist es genau umgekehrt.

Die Haarfarbe hängt von der Melaninmischung ab.

Warum fallen ständig Haare aus?

Haare wachsen nicht gleichmäßig, sondern in einem bestimmten Zyklus. Dann fallen sie aus und neue Haare wachsen aus den Haarzwiebeln. In der Wachstumsphase, in der sich fast alle Haare befinden, teilen sich die Zellen sehr schnell — das Haar wächst. Diese Phase dauert etwa drei bis sieben Jahre. Dann folgt eine Übergangsphase, in der das Haar nicht mehr mit Nährstoffen versorgt wird. In der Abstoßungsphase wird das Haar von der Wurzel getrennt. Ein kleiner Anteil unserer Haare befindet sich immer in dieser Phase, deshalb fallen uns täglich Haare aus.

Wachsen die Haare nach dem Schneiden schneller?

Nein. Dass Haare nach dem Schneiden schneller wachsen, stimmt nicht. Wie auch? Die Haarzwiebeln, in der die Haare heranwachsen, „wissen" schließlich nicht, dass die Haare geschnitten wurden. Nach dem Schneiden wirken Haare zwar etwas fülliger und dichter, weil sie etwas leichter sind und kaputte Spitzen weggefallen sind. Das schnellere Wachstum ist jedoch eine optische Täuschung. Wenn kurze Haare nachwachsen, fällt es nämlich viel stärker auf, als wenn bei langen Haaren ein Stück dazukommt.

Echt haarige Angelegenheiten

Kopfhaare wachsen pro Tag rund 0,3 bis 0,4 Millimeter. Das sind umgerechnet etwa ein Zentimeter pro Monat. Nach sechs Jahren ist ein Haar rund 80 Zentimeter lang. Würde man alle rund 100.000 Kopfhaare aneinanderknoten, hätte man pro Tag ein Haar mit der Wachstumslänge von 30 bis 40 Metern. Und am Ende des Monats hätte man schon einen Haarfaden von über einem Kilometer. Ganz schön haarsträubend!

Nach dem Schneiden wachsen Haare nicht schneller.

Haben alle gleich viele Haare auf dem Kopf?

Nein. Wie viele Haare man auf dem Kopf hat, hängt von der Haarfarbe ab. Blonde Menschen haben feinere Haare, dafür aber auch die meisten, nämlich rund 150.000 auf dem Kopf. Am wenigsten Haare haben Rothaarige, nämlich nur 90.000. Schwarzhaarige und brünette Menschen haben dickere Haare. Sie kommen auf rund 100.000.

Warum werden Haare grau?

In der Haarwurzel stellen Zellen den Farbstoff für die Haare her, das Melanin. Wenn man älter wird, produzieren diese Zellen immer weniger Farbe. Deshalb werden die Haare dann farblos. Weil bei alten Menschen in den Haaren winzige Luftbläschen zwischen den Zellen gelagert werden, schimmern die Haare oft silbergrau. Haare an den Schläfen und Barthaare fallen schneller aus als die übrigen Haare. Deshalb ergrauen die meisten an diesen Stellen zuerst.

Kann man über Nacht graue Haare bekommen?

Ja! Dabei verlieren aber nicht die Haare an Farbe, sondern die farbigen Haare gehen aus und die grauen bleiben. Man geht davon aus, dass Menschen, die „über Nacht" grau werden, an einer akuten Form von Haarausfall leiden. Doch das betrifft nur ganz wenige. Normalerweise ergrauen Haare über viele Jahre hinweg. Ein farbiges Haar fällt aus und wächst dann als graues Haar nach. So werden die gesamten Haare mit der Zeit immer grauer.

Warum sind Haare glatt oder lockig?

Das liegt an der Haarstruktur. Man kann sie unter einem Mikroskop untersuchen. Der Querschnitt eines lockigen Haares ist oval. Bei glatten Haaren ist er rund, bei sehr krausen Haaren ist der Quer-

Locken haben eine andere Struktur als glatte Haare.

schnitt eines Haares platt wie ein Geschenkband. Übrigens gibt es auch einen ganz natürlichen Grund, warum dunkelhäutige Menschen von Natur aus krause Haare haben: Locken halten die Luft über dem Kopf besser fest und bieten einen Schutz gegen die Hitze.

Wie kann man Haare färben?

Man kann seine Haarfarbe auf verschiedene Arten ändern. Beim Tönen haften die Farbstoffteilchen an der Oberfläche des Haares. Deshalb verschwindet bei jedem Waschen ein bisschen von der Farbe, bis sie schließlich ganz weg ist. Für eine dauerhafte Färbung muss man daher die Haare mit einem Färbemittel behandeln. Die Farbstoffmoleküle des Färbemittels sind so winzig, dass sie zwischen den Schuppen, die das Haar außen umgeben, hindurchschlüpfen können. Die Farbstoffmoleküle gelangen so in das Innere des Haares und verbinden sich dort zu größeren Farbmolekülen, die sich nicht mehr auswaschen lassen.

Bekommen alle Männer einen Bart?

Grundsätzlich ja, denn der Bartwuchs ist genetisch festgelegt. Ausgelöst wird er durch das Testosteron, das wichtigste männliche Geschlechtshormon. In geringen Mengen ist es auch im Körper von Frauen enthalten. Aber nur sehr wenige Frauen bekommen einen sogenannten „Damenbart" auf der Oberlippe. Der Bartwuchs bei Jungen beginnt in der Pubertät, etwa im Alter zwischen 14 und 18 Jahren. Anfangs sind die Barthaare weich. Das wird dann als Flaum bezeichnet. Erst im Laufe der Zeit wird der Bart stärker.

Haut, Haare, Zähne

Müssen sich Männer jeden Tag rasieren?

Im Durchschnitt wächst ein männliches Barthaar 0,2 Millimeter pro Tag. Die meisten Männer rasieren sich jeden Tag. Das Wachstum und die Stärke des Barthaares sind erblich bedingt. Manche Männer haben einen sehr schwachen Bartwuchs. Bei ihnen kann es genügen, dass sie sich nur einmal in der Woche rasieren. Ob ein Mann viel oder wenig Bartwuchs hat, hängt auf jeden Fall nicht davon ab, wie oft er sich rasiert. Außerdem ist es eine Frage der Mode und des persönlichen Geschmacks, ob ein Mann Bart trägt oder nicht.

Die meisten Männer rasieren sich jeden Tag.

Warum stinken unsere Füße?

An den Füßen schwitzt man besonders viel. Fußgeruch entsteht, wenn Füße zu wenig Luft abbekommen, weil sie die meiste Zeit des Tages in Schuhe und Strümpfe eingepackt sind. Dazu kommt, dass manche Menschen ihre Füße nicht oft genug waschen und nicht täglich frische Socken oder Strümpfe anziehen. So sammelt sich der Schweiß an den Füßen.

Tägliches Duschen und frische Socken vermeiden Fußgeruch.

Schuld an dem üblen Geruch sind Bakterien, der Schweiß selbst riecht eigentlich nicht. Bakterien zersetzen den Schweiß in übel riechende Substanzen.

Woraus bestehen Zähne?

Wenn du deine Zähne im Spiegel betrachtest, siehst du nur einen Teil von jedem Zahn, die Zahnkrone. Zahnhals und Wurzel verankern den Zahn in deinem Kiefer. Jeder Zahn ist aus mehreren Schichten aufgebaut. Außen umgibt ihn die härteste Schicht, der Zahnschmelz. Darunter liegt das Dentin, eine knochenähnliche Substanz, die auch Zahnbein genannt wird. Den Kern des Zahns nennt man Pulpa. Hier liegen auch Blutgefäße und Nervenfasern. Deshalb tut es weh, wenn der Zahnarzt tief bohrt. Aber zum Glück bekommt man davor eine Betäubung.

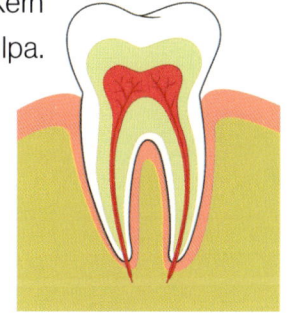

Jeder Zahn ist im Kiefer verwurzelt.

Warum brauchen manche Kinder eine Zahnspange?

Mit einer Zahnspange kann man schiefe Zähne in die richtige Position schieben und sie wieder gerade und gleichmäßig ausrichten. Doch nicht immer sind die Zähne das Problem. Bei vielen Menschen liegt der eigentliche Fehler im Kiefer: Sie beißen falsch auf, was auf Dauer Schmerzen und kaputte Zähne verursacht. Auch das lässt sich mit einer Zahnspange korrigieren.

66

Warum gibt es verschiedene Arten von Zähnen?

Weil in dem Mund von Kindern noch nicht so viel Platz ist, haben Kinder zunächst ein Milchgebiss mit kleineren Zähnen. Diese fallen dann im Alter von etwa sechs bis acht Jahren aus und machen Platz für die zweiten Zähne. Das zweite Gebiss umfasst 28 bis 32 Zähne. Im menschlichen Gebiss gibt es vier Arten von Zähnen: Mit den Schneidezähnen beißen wir ab und zerschneiden die Nahrung. Die Eckzähne sind zum Zerreißen zäher Nahrungsstücke gut geeignet. Mit den Backen- und Mahlzähnen kann die Nahrung ganz zerkaut und zerkleinert werden. Die hinteren Mahlzähne werden auch Weisheitszähne genannt. Sie sind ein Überbleibsel aus der Entwicklungsgeschichte, eigentlich brauchen wir sie nicht. Viele haben auch keinen Platz für sie in ihrem Kiefer, deshalb werden sie oft gezogen. Manche haben keine Weisheitszähne.

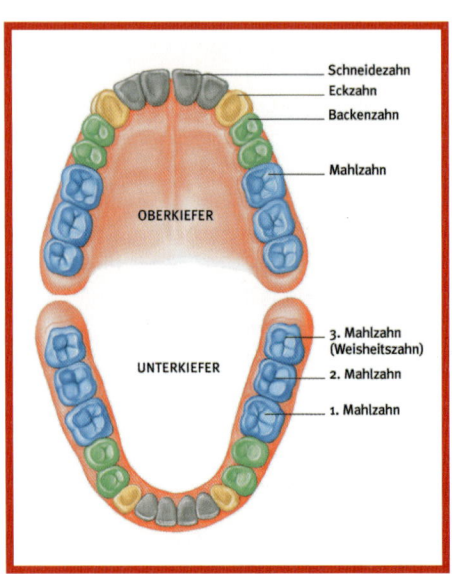

Das menschliche Gebiss

OBERKIEFER
- Schneidezahn
- Eckzahn
- Backenzahn
- Mahlzahn

UNTERKIEFER
- 3. Mahlzahn (Weisheitszahn)
- 2. Mahlzahn
- 1. Mahlzahn

Warum haben Kinder so große Schneidezähne?

Wenn ein Grundschulkind lacht, ist man oft erstaunt, welch verhältnismäßig große Zähne es hat. Das liegt am Gesicht, das noch relativ klein ist. Die zweiten

Pflegetipps für deine Zähne

Nimm eine mittelharte Zahnbürste mit Kunststoffborsten und geradem Bürstenkopf. Verwende Zahncreme, die Fluoride enthält. Putze deine Zähne morgens, nach jeder Mahlzeit, auch nach dem Naschen und abends vor dem Zubettgehen mindestens drei Minuten lang. Mit der Zahnbürste allein kommst du allerdings nicht überall hin. Deshalb benutzt du für die Zwischenräume am besten Zahnseide, denn auch dort kann Karies entstehen.

Putze nach jedem Essen deine Zähne.

Zähne, die nach den Milchzähnen wachsen, haben schon die endgültige Größe, die zu dem erwachsenen Gesicht passt. Im Lauf der Jahre wächst das Kind – dann stimmt auch das Größenverhältnis von den Zähnen und dem Kopf wieder.

Warum schaden Süßigkeiten den Zähnen?

Bonbons, Schokolade und Limonade sind lecker, aber nicht gut für deine Zähne, denn sie enthalten Zucker. Davon ernähren sich die Bakterien, die Löcher in die Zähne bohren. Wer viele Süßigkeiten isst und seine Zähne nur selten putzt, bei dem tummeln sich die Bakterien so zahlreich, dass sich

Haut, Haare, Zähne

Süßigkeiten sind schädlich für die Zähne.

ein Belag, auch Plaque genannt, auf den Zähnen bildet. Wenn die Bakterien den Zucker verdauen, entsteht Säure im Mund. Sie greift den Zahnschmelz an, er wird dünner und die Bakterien dringen ein. Die Folge ist Karies.

Sind Kaugummis gut für die Zähne?

Ja, aber nur die mit dem Zahnmännchen! Achte darauf, dass die Kaugummis mit dem Zuckeraustauschstoff Xylit gesüßt sind — er kann keine Karies verursachen. Wenn du nach dem Essen zuckerfreien Kaugummi kaust, produziert der Mund zusätzlich Speichel: Dadurch wird die Säure, die die Bakterien erzeugen, stark verdünnt, sie kann deine Zähne nicht so stark angreifen. Wenn du dir nach dem Essen einmal nicht die Zähne putzen kannst, kann ein Kaugummi helfen. Man schätzt, dass Kaugummis den Zeitraum, in der die Säuren den Zahnschmelz schädigen, um die Hälfte verringern, das heißt nach einer Hauptmahlzeit ungefähr von 20 auf zehn Minuten.

Warum soll man Zahnpasta mit Fluoriden benutzen?

Fluoride geben den Zähnen einen besonderen Schutz. Sie bilden mit dem Kalzium des Speichels eine Schutzschicht aus Kalziumfluorid auf den Zahnoberflächen. Diese Schicht muss die Säure, die den Zahn angreift, erst einmal zerstören, bevor sie den Zahnschmelz auflösen kann. Fluoride können vom Zahnschmelz aufgenommen werden. Wenn man also durch Zähneputzen oder Fluoridsalz sehr viele Fluoride im Speichel hat, dann werden mehr Fluoride von den Zähnen aufgenommen als die Säure herauslösen kann. Dadurch ist es sogar möglich, kleine Löcher wieder zu schließen.

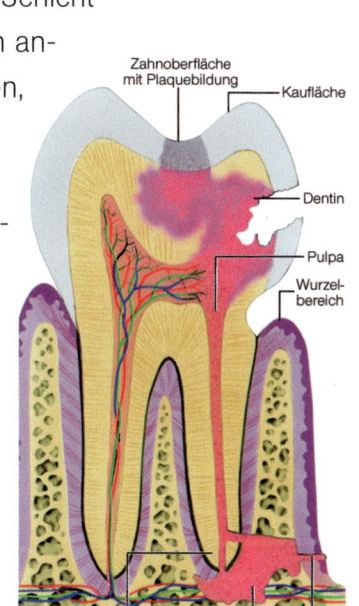

Zahnoberfläche mit Plaquebildung — Kaufläche

Dentin

Pulpa

Wurzelbereich

Wurzelspitze   Kieferknochen   Fistel

Ein Zahn mit Karies

Experiment mit einem Milchzahn

Bestimmt hast du auch irgendwo einen Milchzahn aufgehoben. Mit ihm kannst du prüfen, wie schädlich Süßigkeiten wirklich sind. Nimm den Zahn und lege ihn zusammen mit etwas Zucker, Essig — das ist die Säure, die die Bakterien produzieren — und Wasser in ein Glas. Warte einige Tage. Was passiert? Der Zahnschmelz wird weich!

Körperpflege, Hygiene

Baden und Haarewaschen versetzen viele kleine Kinder in Angst und Schrecken. Besonders gefürchtet sind brennende Augen durch Shampoo und Seife. Dagegen verbringen die meisten älteren Kinder und Jugendlichen umso mehr Zeit im Bad. Sie wollen schön aussehen und bei ihren Freunden gut ankommen. Aber wie oft soll man sich eigentlich waschen? Und auf was kommt es bei Körperpflege wirklich an?

weise selten mit Dreck in Berührung kommen, leiden häufiger an Allergien als andere. Trotz allem ist ein gewisses Maß an Sauberkeit eine Grundvoraussetzung, wenn man gesund sein und sich wohlfühlen möchte. Apropos wohlfühlen: Bist du gern mit Leuten zusammen, die ungepflegt und schmuddelig aussehen? Wohl kaum. Wer auf sein Äußeres achtet, wirkt auf andere wesentlich sympathischer.

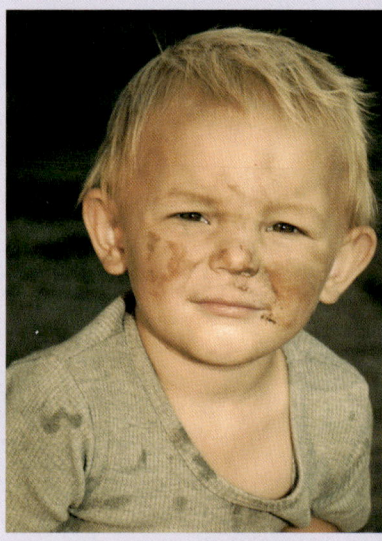

Man darf sich ruhig auch mal dreckig machen.

Wie hält man sich sauber?

Ist doch klar: Indem man sich wäscht! Es beginnt bei den Händen. Weil wir ständig Dinge anfassen, haften jede Menge Keime an den Händen. Deshalb ist es wichtig, dass du dir jedes Mal, bevor du etwas isst, die Hände mit Wasser und Seife wäschst und abtrocknest. Häufig ist hinterher noch Schmutz unter den Fingernägeln. Hier hilft eine kleine Bürste und Rubbeln, schon bist du ihn los.

Wie oft soll man seine Kleider wechseln? Jedes Mal, wenn sie schmutzig sind. Schmutz ist aber nicht gleich Schmutz. Ein kleiner Fleck auf dem Pullover ist kein Grund, dass du ihn sofort ausziehst und dir einen frischen besorgst. Anders ist es bei Kleidung, die

Gesund und sympathisch

Hygiene kommt an allererster Stelle, wenn man an Körperpflege denkt. Hygiene heißt Sauberkeit. Sie ist ein Aspekt der Körperpflege, der in vielen Bereichen eine Rolle spielt: Haut, Haare, Zähne, Finger- und Fußnägel, aber auch Kleidung sollten gepflegt aussehen. Das heißt jetzt natürlich nicht, dass du ständig feine Dame oder Herr spielen musst und dich nie dreckig machen darfst. Im Gegenteil: Wissenschaftler haben herausgefunden, dass Dreck das Abwehrsystem des Körpers stärkt. Kinder, die nie beziehungs-

Viele kleine Kinder haben Angst vorm Baden.

Vor dem Essen sollte man sich die Hände waschen.

die Haut direkt berührt. Hier bleiben kleine Hautschuppen, von denen sich Bakterien ernähren, haften. Deshalb solltest du deine Unterwäsche und Socken täglich wechseln. Doch auch das hilft nur begrenzt, wenn du dich nicht wäschst oder duschst. Solange du kaum schwitzt, reicht es, wenn du ein- bis zweimal in der Woche duschst oder badest. Manchmal gibt es auch Ausnahmen: Bist du beim Sport, Spielen oder Basteln so richtig schmutzig geworden? Dann nichts wie in die Badewanne oder unter die Dusche! Übrigens: Wenn du Angst vor dem Haarewaschen hast, halte dir am besten einen Waschlappen vor die Augen, während deine Mutter oder dein Vater dir den Kopf abbraust. Und was ist mit den Zähnen? Am besten putzt du sie nach jeder Mahlzeit, auch nach den kleineren. Saubere Zähne beugen Mundgeruch und Karies vor.

Gepflegt und attraktiv

„Hilfe, ich schwitze!" Wenn Kinder in die Pubertät kommen und langsam erwachsen werden, achten die meisten mehr als früher auf ihren Körper. Viele bemerken einen unangenehmen Körpergeruch an sich — sie beginnen anders als früher zu schwitzen. Schuld daran sind Stoffe im Schweiß, die erst in der Pubertät ausgeschüttet werden. Wenn sie von Bakterien zersetzt werden, entsteht der typische Schweißgeruch. Was tun? Das oberste Gebot heißt waschen, und zwar besonders an den Stellen, an denen man stark schwitzt, also im Genitalbereich, an den Füßen und unter den Armen. Am besten, du duschst dich — dann wird der Schweiß vom ganzen Körper abgewaschen und abgestorbene Hautzellen werden abgespült. Du kannst ein Duschgel mit leichtem Duft verwenden und danach eventuell noch ein Deo. Achte nur darauf, dass du nicht zu viele Düfte auf einmal benutzt. Es könnte eine unangenehme Duftmischung dabei herauskommen.

Schöne Haare

Ob glatt oder lockig, blond oder brünett — oft sind Menschen mit ihren Haaren, der Struktur oder Farbe unzufrieden. Wähle eine Frisur, die zu deinem Gesicht und deinem Stil passt und mit der du im Alltag ohne allzu großen Aufwand gut zurechtkommst. Waschen ist auch hier das A und O: Wer unter stark fettenden Haaren leidet, kann sie mit einem milden Shampoo täglich waschen. Trockene Haare sollten nicht zu oft gewaschen werden, da sie sonst an Glanz verlieren können. Wer will, kann seine Haare tönen und färben. Doch Vorsicht: In vielen Färbemitteln und Tönungen steckt Chemie, die deine Haut reizen kann.

Oft sind Menschen mit ihren Haaren unzufrieden.

Wie entsteht ein Baby?

Wenn ein Mann und eine Frau miteinander schlafen, spritzt Sperma aus dem Penis des Mannes in die Scheide der Frau. Das Sperma wandert auf der Suche nach einer Eizelle, die es befruchten kann, durch die Gebärmutter in die Eileiter. Sobald Spermien auf die Eizelle treffen, versuchen sie, in sie einzudringen, um mit dem Zellkern der Eizelle zu verschmelzen. Nur ein einziges Spermium kann sich mit der Eizelle verbinden. Diesen Vorgang nennt man Befruchtung. Sobald die Eizelle befruchtet ist, kann daraus ein neuer Mensch entstehen. Bis es jedoch so weit ist, muss die befruchtete Eizelle aus dem Eileiter in die Gebärmutter wandern, sich dort einnisten und sich in den rund 40 Wochen, in denen ein Baby heranwächst, viele Millionen Male teilen.

Wie wächst ein Baby im Mutterleib?

Wenn eine Eizelle von einer Samenzelle befruchtet ist, hat sie noch keine Ähnlichkeit mit dem späteren Baby. Erst langsam, während sich die Zellen pausenlos teilen und unterschiedliche Aufgaben übernehmen, bilden sich die Form des Körpers und die Organe heraus: Zu Beginn der vierten Woche schlägt das Herz, weitere Organe werden angelegt. Ende der achten Woche hat der Fetus Arm- und Beinknospen, man kann den Hals und das Gesicht erkennen. Nach zehn Wochen ist das Baby fünf, nach zwölf Wochen rund sieben

Ein Fetus in der Fruchtblase im Mutterleib

Wissenswertes über das ungeborene Kind

Bis zur neunten Schwangerschaftswoche, also bis zu dem Zeitpunkt, an dem alle Organe vorhanden und entwickelt sind, bezeichnet man das Ungeborene als Embryo. Danach spricht man bis zur Geburt von Fetus oder auch Fötus.

Zentimeter, nach 16 Wochen bis zu zwölf Zentimeter groß und wiegt knapp 100 Gramm. Nach und nach entwickelt es grundlegende Fähigkeiten: Am Ende des vierten Monats hat das Baby Reflexe, es bewegt sich ständig. In der 21. bis 24. Schwangerschaftswoche dreht es sich, es kann hören und hat ab und zu Schluckauf. In der 25. bis 28. Schwangerschaftswoche öffnet es seine Augen, es kann seine Finger zur Faust ballen. In den letzten Wochen vor der Geburt übt es beim Daumenlutschen den Saugreflex.

Was ist der Mutterkuchen?

Der Mutterkuchen (Plazenta) wächst mit dem Fetus in der Gebärmutter heran. Er ist das Gewebe, über das das Baby während seiner gesamten Zeit im Mutterleib versorgt wird. Die Nabelschnur verbindet den Fetus mit dem Mutterkuchen. Auf diese Weise erhält er Nährstoffe und Vitamine. Leider können auch viele schädliche Stoffe in den Kreislauf des Fetus übergehen und ihn schädigen, etwa wenn die Mutter Alkohol trinkt, raucht oder starke Medikamente nimmt.

Schwangerschaft, Geburt

Warum sollen Schwangere besonders auf ihre Gesundheit achten?

Alles, was eine Schwangere zu sich nimmt, wirkt sich nicht nur auf ihren Körper aus. Auch das Baby in ihrem Bauch bekommt etwas davon ab. Das gilt für Lebensmittel und Getränke, die gut für die Gesundheit sind, ebenso wie für alles, was der Gesundheit schadet. Als besonders schädlich gelten Alkohol und Zigarettenrauch. Mütter, die während der Schwangerschaft rauchen, bekommen kleinere und leichtere Kinder als Nichtraucherinnen. Warum? Das Nikotin der Zigaretten verengt die Blutgefäße. Wenn eine Mutter regelmäßig raucht, dann transportieren sie nicht ausreichend Sauerstoff und Nährstoffe zum Baby. Noch schlimmer sind die Folgen von Alkohol: Viele Frauen, die während der Schwangerschaft regelmäßig große Mengen Alkohol trinken, bekommen geistig behinderte Kinder.

Werdende Mütter müssen besonders auf ihre Gesundheit achten.

Wie atmet ein ungeborenes Kind?

Obwohl ein Fetus in der Lage ist, mit seiner Lunge Atembewegungen auszuführen, kann er keine Luft einatmen — wie auch, er schwimmt ja im Fruchtwasser. Seine Lunge ist mit einer Flüssigkeit gefüllt, die von der Lunge

selbst produziert wird. Gleichzeitig reift die Lunge heran, sodass der Gasaustausch funktioniert, wenn das Baby einmal geboren ist. Woher aber bekommt das Baby nun Luft? Von seiner Mutter! Das Baby im Bauch wird komplett über den Mutterkuchen und die Nabelschnur versorgt — auch mit Sauerstoff. Wenn die Mutter frische Luft einatmet, wird auch das Baby mit sauerstoffreicher Luft versorgt.

Was sind Gene?

Jede Zelle enthält Erbinformationen, also die Eigenschaften, die jedes Lebewesen einzigartig machen. Diese Erbinformationen sind — ähnlich wie bei einem Computer — in einem bestimmten Bereich der Zelle, dem Zellkern in 23 Chromosomenpaaren gespeichert. Insgesamt haben wir also 46 Chromosomen. Ein Chromosom besteht aus einem DNA-Strang. DNA ist eine chemische Verbindung, die unser genetisches Erbgut gespeichert hat. Ein einzelnes Gen ist der Abschnitt auf der DNA, auf dem ein bestimmtes Merkmal des Lebewesens, zum Beispiel seine Haut- und Augenfarbe oder seine Größe, festgelegt sind. Jeder Mensch besitzt rund 35.000 Gene. Die Gene werden vererbt. Das heißt, sie werden über die Ei- und Samenzelle an die nächste oder sogar übernächste Generation weitergegeben. Das ist auch der Grund, warum Kinder ihren Eltern oder Großeltern ähnlich sehen.

Der Fetus wird über die Nabelschnur versorgt.

Wie und wann wird das Geschlecht des Babys festgelegt?

Ob ein Junge oder ein Mädchen gezeugt wird, entscheidet sich in dem Moment, in dem Ei- und Samenzelle miteinander verschmelzen. Zwei Chromosome spielen dabei die entscheidende Rolle. Die Eizelle der Frau hat ein X-Chromosom. Spermien dagegen haben ein X- oder ein Y-Chromosom. Wenn ein Spermium mit einem X-Chromosom mit der Eizelle, die ebenfalls ein X-Chromosom hat, verschmilzt, entsteht ein Mädchen. Ist es ein Spermium mit einem Y-Chromosom, dann wird die Frau einen Jungen bekommen.

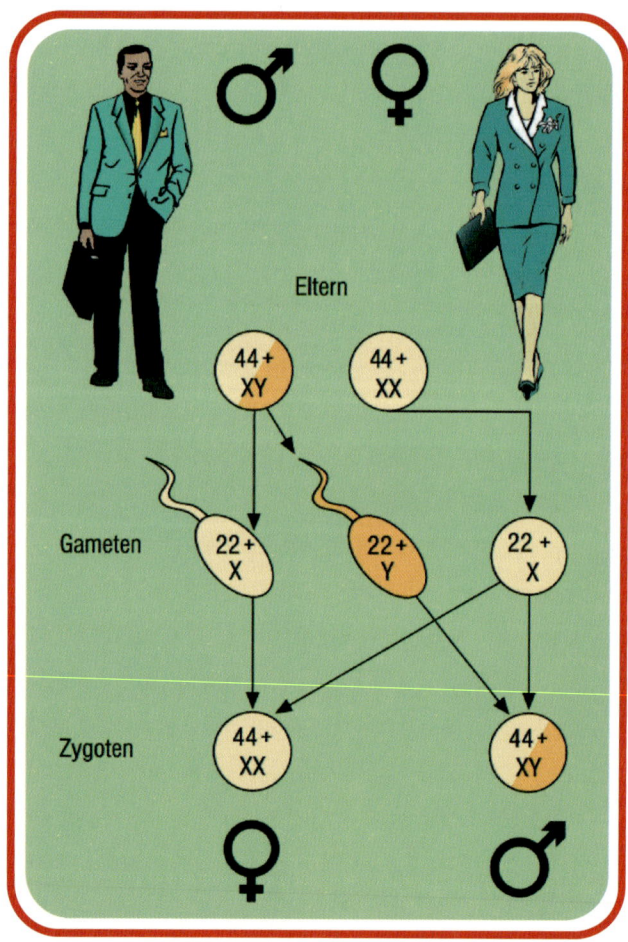

Das Geschlecht des Babys hängt von dem Spermium des Mannes ab.

Was versteht man unter künstlicher Befruchtung?

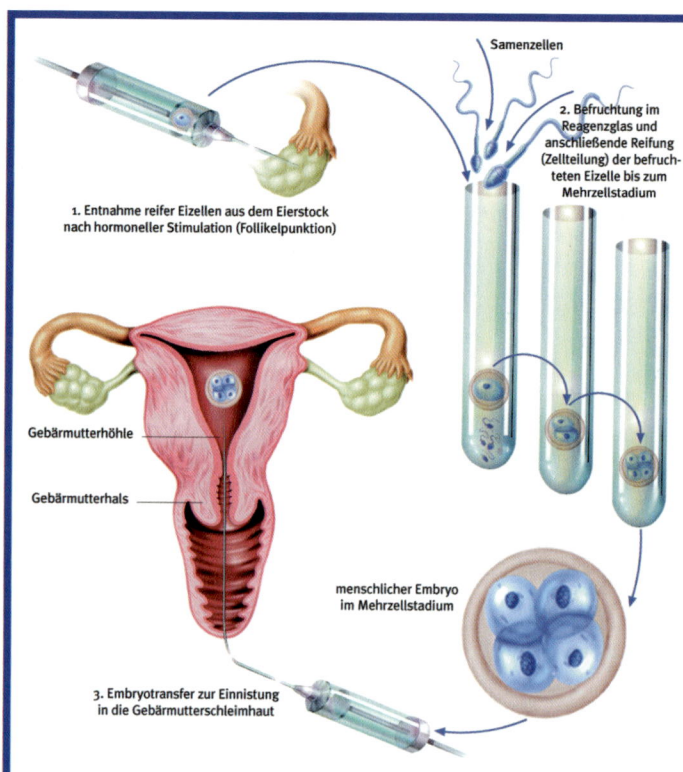

Die In-vitro-Fertilisation ist die bekannteste Form der künstlichen Befruchtung.

Manche Paare können auf natürlichem Weg, das heißt beim Geschlechtsverkehr, kein Baby zeugen. Verschiedene Methoden der künstlichen Befruchtung können das Problem lösen. Am bekanntesten ist die „In-vitro-Fertilisation" (IVF). Dabei werden der Frau reife Eizellen entnommen und außerhalb des Körpers mit Samenzellen verschmolzen. Sobald sich die befruchteten Eizellen teilen, werden sie in die Gebärmutter der Frau eingesetzt. Diese Methode wurde zum ersten Mal 1981 in Deutschland angewandt. Nicht immer ist die IVF erfolgreich, oft sind mehrere Versuche nötig. Inzwischen wird allerdings jedes 80. Kind in Deutschland auf diese Weise gezeugt.

Schwangerschaft, Geburt

Wieso kommen mehr Zwillinge auf die Welt als früher?

Viele Frauen, die Schwierigkeiten haben, schwanger zu werden, lassen sich ärztlich behandeln und bekommen zusätzlich Hormone. Diese regen die Eierstöcke an, mehr Eizellen reifen zu lassen. Wenn eine Frau dann Geschlechtsverkehr hat, kann es passieren, dass sie mit Zwillingen oder sogar Mehrlingen schwanger wird. Ähnlich verläuft es bei der künstli-

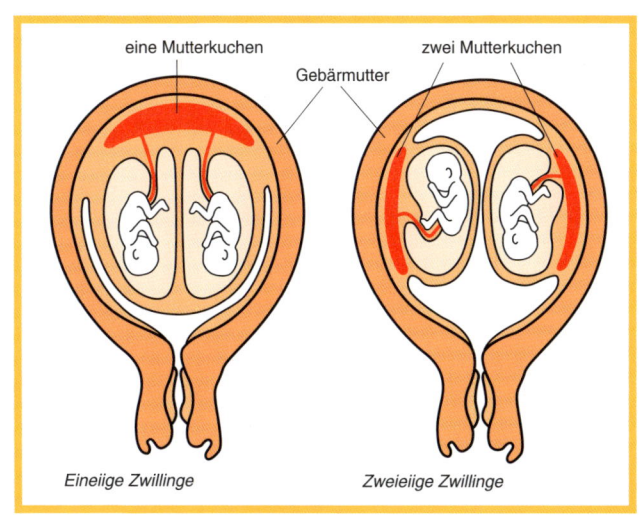

Zwillinge können eineiig oder zweieiig sein.

Hättest du das gewusst?

Zwillinge sind gar nicht so selten: Auf 85 Geburten kommt in Deutschland eine Zwillingsgeburt. Von allen Zwillingsgeburten auf der ganzen Welt sind zwei Drittel zweieiige Zwillinge, ein Drittel eineiige Zwillinge. Unter etwa 250 Geburten kommt immer nur ein eineiiges Zwillingspärchen vor.

Eineiige Zwillinge sehen sich extrem ähnlich.

chen Befruchtung IVF. Da die befruchteten Eizellen oftmals vom Körper der Frau abgestoßen werden, setzt man gleich mehrere Eizellen in die Gebärmutter ein. Werden die Eizellen vom Körper akzeptiert, kommt es schon mal vor, das Zwillinge oder sogar Drillinge im Bauch der Mutter heranwachsen.

Wieso sehen manche Zwillinge sich sehr ähnlich, manche kaum?

Es kommt darauf an, ob die Zwillinge eineiig oder zweieiig sind. Zwillinge sind eineiig, wenn sich die Eizelle nach der Befruchtung in zwei gleiche Zellen geteilt hat. Dann wachsen zwei Menschen mit haargenau dem gleichen Erbgut heran. Sie haben das gleiche Geschlecht und sehen sich extrem ähnlich. Bei zweieiigen Zwillingen werden zwei Eizellen gleichzeitig oder kurz nacheinander von zwei verschiedenen Samenzellen befruchtet. Daher ist es möglich, dass ein Junge und ein Mädchen als Zwillinge im Bauch der Mutter heranwachsen. Zweieiige Zwillinge gleichen sich nie so stark wie eineiige, da ihr genetisches Erbgut nicht identisch ist.

Kann man erkennen, ob ein Baby im Mutterleib gesund ist oder nicht?

Ja. Dazu gibt es sogar mehrere Möglichkeiten. Eine der bekanntesten ist der Ultraschall. Bei einer Ultraschalluntersuchung erscheint mithilfe eines Schallkopfes, der über den Bauch der Mutter gerollt wird,

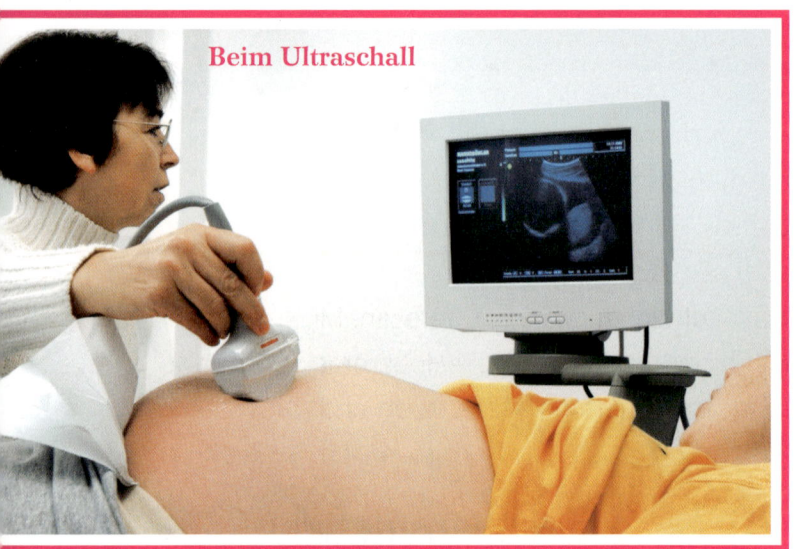

Beim Ultraschall

auf einem Monitor das Bild des Fetus. So kann man erkennen, ob alle Körperteile des Fetus dem Alter entsprechend entwickelt sind. Oft sieht man auch,

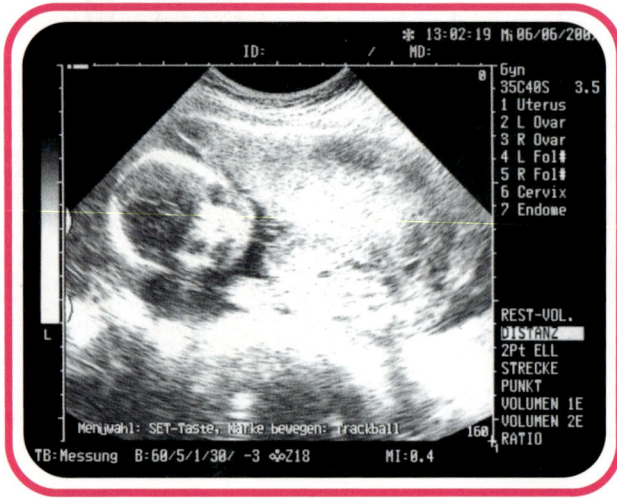

Ein Ultraschallbild: Links erkennt man den Kopf.

ob das Baby ein Junge oder ein Mädchen ist. Viele Krankheiten und Fehlbildungen kann man mit einer Fruchtwasseruntersuchung feststellen. Dabei wird der Mutter Fruchtwasser, in dem Zellen des Babys schwimmen, entnommen. Die Zellen des Babys enthalten Informationen darüber, ob es an einer Chromosomenstörung leidet.

Kann man ein Baby auch im Bauch der Mutter medizinisch behandeln?

Manche Babys bekommen im Mutterleib lebensbedrohliche Krankheiten und Fehlbildungen. Heute können Ärzte ungeborene Babys operieren. Über kleine Öffnungen in dem Bauch der Mutter wird die Operation am ungeborenen Baby durchgeführt. Jeder Eingriff wird mithilfe des Ultraschalls überwacht. Vielen Kindern, die sonst nach der Geburt schwer erkranken und möglicherweise sterben würden, kann durch eine Operation im Mutterleib das Leben gerettet werden.

Können Babys im Mutterleib sterben?

Leider ja. Man geht davon aus, dass sich mehr als die Hälfte der befruchteten Eizellen nicht zu einem Baby entwickeln. Warum? Viele befruchtete Eizellen haben einen Gendefekt, das heißt sie können sich nicht richtig weiterentwickeln und sterben ab. Etwa drei Viertel der Fehlgeburten erfolgen in den ersten Schwangerschaftswochen. Stirbt der Embryo beziehungsweise der Fetus vor der 24. Schwangerschaftswoche, dann spricht man von einer Fehlgeburt. Babys, die nach der 24. Schwan-

Schwangerschaft, Geburt

gerschaftswoche tot auf die Welt kommen und mindestens 500 Gramm wiegen, nennt man Totgeburt. In Deutschland kommen jährlich mehr als 3000 Kinder tot zur Welt.

Bekommen Babys im Bauch ihrer Mutter etwas von der Außenwelt mit?

Aber sicher! Je nachdem, wie alt sie sind, können Babys im Mutterleib verschiedene Reize wahrnehmen. Um die 24. Schwangerschaftswoche kann der Fetus hören. Er lernt die Stimme seiner Mutter kennen, hört ihren Herzschlag und das Grummeln in ihrem Bauch. Ungeborene Babys reagieren auch auf Geräusche von außen und strampeln, wenn sie bestimmte Musik hören. Natürlich bekommen sie auch mit, wenn sich die Mutter bewegt und wie sie sich bewegt. Auch wenn es im Mutterleib dunkel ist, kann der Fetus sehen, und das bereits ab dem dritten Schwangerschaftsmonat. Dabei erkennt er zwar keine Umrisse und keine Farben, er kann aber hell und dunkel unterscheiden.

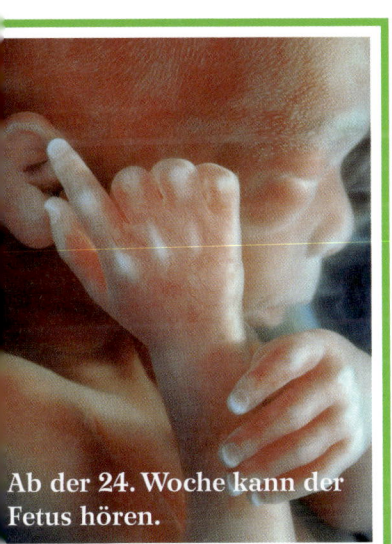

Ab der 24. Woche kann der Fetus hören.

Was macht eine Hebamme?

Hebammen sind Geburtshelferinnen. Sie begleiten Frauen während der Schwangerschaft, Geburt und Stillzeit. Dabei lernen Frauen in speziellen Kursen,

Stichwort Downsyndrom

Jede unserer Zellen enthält alle Erbinformationen. Sie sind im Zellkern in den 46 DNA-Strängen, die aus 23 Chromosomenpaaren bestehen, enthalten. Menschen, die unter dem Downsyndrom leiden, haben eine Entwicklungsstörung. Bei ihnen ist das Chromosom 21 dreimal vorhanden. Deshalb spricht man auch von Trisomie 21, das bedeutet soviel wie ein dreifach vorhandener (Chromosomen-)Körper. Trisomie 21 ist nicht heilbar.

sich auf die Geburt vorzubereiten. Mit Gymnastik nach der Geburt sorgt die Hebamme dafür, dass sich die Frauen möglichst rasch und gut von der Geburt erholen. Am wichtigsten ist ihre Arbeit im Kreißsaal, also dort, wo die meisten Babys zur Welt kommen. Sie sind aber auch bei Hausgeburten dabei. Übrigens können auch Männer diesen Beruf erlernen. Männliche Hebammen heißen Entbindungspfleger.

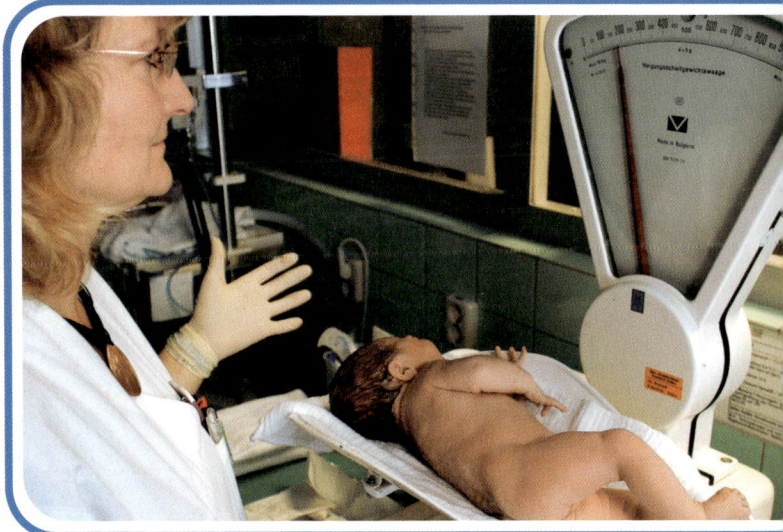

Eine Hebamme wiegt ein neugeborenes Baby.

Was ist ein „Frühchen"?

Wenn ein Kind mehr als drei Wochen vor dem errechneten Geburtstermin auf die Welt kommt oder bei seiner Geburt weniger als 2500 Gramm wiegt, dann spricht man von einer Frühgeburt, umgangssprachlich auch von einem „Frühchen". Je früher ein Baby zur Welt kommt, umso schlechter ist sein Organismus für das Leben außerhalb des Mutterleibs vorbereitet. Heute können Kinder, die nur wenig mehr als die Hälfte der errechneten Zeit im Mutterleib herangewachsen sind, überleben. Dabei sind sie allerdings auf viel Technik und eine intensive medizinische Pflege angewiesen. Am wichtigsten ist der Brutkasten (Inkubator), der als Ersatz für die Gebärmutter dient.

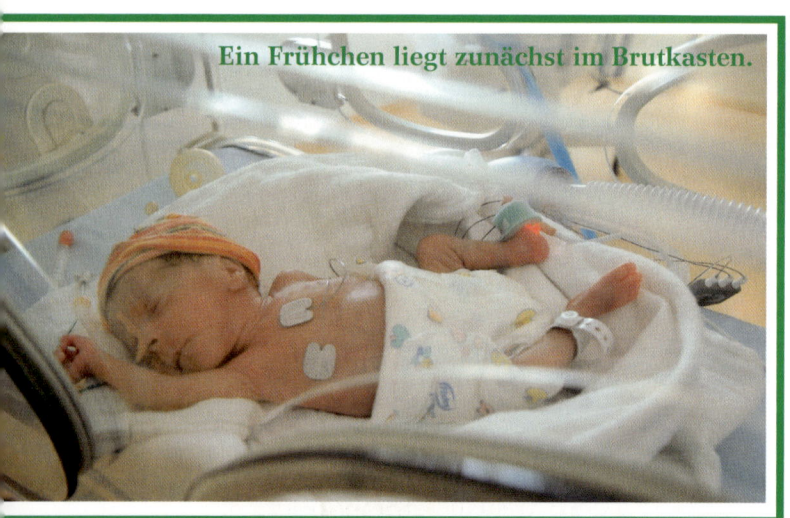

Ein Frühchen liegt zunächst im Brutkasten.

Warum müssen Frühgeborene lange im Krankenhaus bleiben?

Frühgeborene benötigen eine besondere Pflege, die sie nur im Krankenhaus bekommen können. Besonders die Lunge braucht noch Zeit: Viele

Hättest du das gewusst?

Übrigens: Die kleinsten und leichtesten Neugeborenen, die bislang überlebten, wogen nur um die 250 Gramm. Zum Vergleich: Ein normalgewichtiges, gesundes Kind wiegt durchschnittlich 3400 Gramm.

Frühgeborene müssen künstlich beatmet werden. Sie können sich auch sehr leicht mit Krankheiten anstecken, weil ihr Immunsystem noch nicht richtig funktioniert. Da das Zentralnervensystem noch nicht fertig ausgebildet ist, kann es schnell zu Hirnblutungen kommen, die dann dazu führen können, dass das Kind geistig behindert ist. Um dem Baby den Start ins Leben zu erleichtern, ist nicht nur Medizin, sondern auch Geborgenheit wichtig. Deswegen gibt es auf den Frühchen-Stationen das „Känguruhen". Dann dürfen die Frühchen aus dem Inkubator heraus und die Wärme von Mutters oder Vaters Brust genießen.

Wie kündigt das Baby seine Geburt an?

Das Baby kündigt sich tatsächlich an und zwar in Form von Wehen. Dabei zieht sich die Muskulatur der Gebärmutter, in der das Baby herangewachsen ist, immer wieder zusammen. Der Name deutet an, wie sich Wehen anfühlen — sie können nämlich sehr wehtun. Eine schwangere Frau hat schon Wochen und Tage vor der Geburt in unregelmäßigen Abständen Vorwehen. Dabei wird das Baby in die richtige Lage für die Geburt gebracht. Doch diese Wehen vergehen nach einer Weile. Anders die Geburtswe-

Schwangerschaft, Geburt

hen — sie wiederholen sich ständig und werden immer stärker. Dann ist es Zeit, die Hebamme zu rufen oder ins Krankenhaus zu fahren.

Wie kommt ein Baby aus dem Bauch?

Es gibt zwei verschiedene Wege, auf denen ein Baby zur Welt kommen kann. Bei einer natürlichen Geburt wird es durch die Scheide herausgepresst. Die meisten Babys kommen auf diese Weise zur Welt. Manche Babys müssen aber auch per Kaiserschnitt geholt werden. Dann wird in einer Operation die Bauchdecke aufgeschnitten und anschließend wieder zugenäht. Heutzutage verlaufen die meisten Kaiserschnitte ohne weitere Probleme.

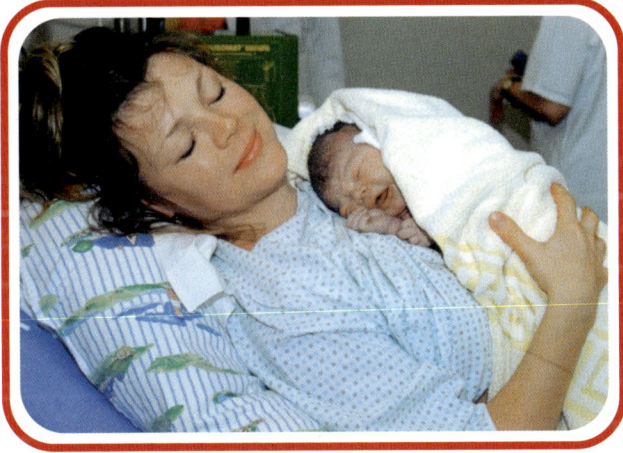

Eine Mutter hält glücklich ihr neugeborenes Baby im Arm.

Warum kommen viele Babys per Kaiserschnitt auf die Welt?

Häufig liegt es daran, dass sich das Baby vor der Geburt nicht mehr in die richtige Position bringen konnte. Dann sitzt es beispielsweise im Bauch der

Mutter, anstatt mit dem Kopf voran auf die Geburt zu warten. Es gibt aber viele weitere Gründe für einen Kaiserschnitt: Manchmal ist das Becken der Mutter zu eng, manchmal ist das Baby nicht fit genug für eine natürliche Geburt. Es kommt auch vor, dass die Plazenta (Mutterkuchen) direkt vor der Scheide, durch die das Baby hindurch muss, liegt. Dann ist dem Baby der Geburtsweg versperrt.

Stichwort Kaiserschnitt

Der Legende nach soll der römische Feldherr Caesar (100 bis 44 vor Christus) per Kaiserschnitt auf die Welt gekommen sein. Doch das ist nicht die Erklärung für den Namen. Der Kaiserschnitt hat nichts mit Kaisern oder Königen zu tun. Der Begriff ist von dem lateinischen Wort „caedere", das soviel wie „schneiden" heißt, abgeleitet. Übrigens ist der Kaiserschnitt einer der ältesten chirurgischen Eingriffe: Früher war er sehr risikoreich und bis ins 19. Jahrhundert überlebten die meisten Frauen eine solche Operation nicht.

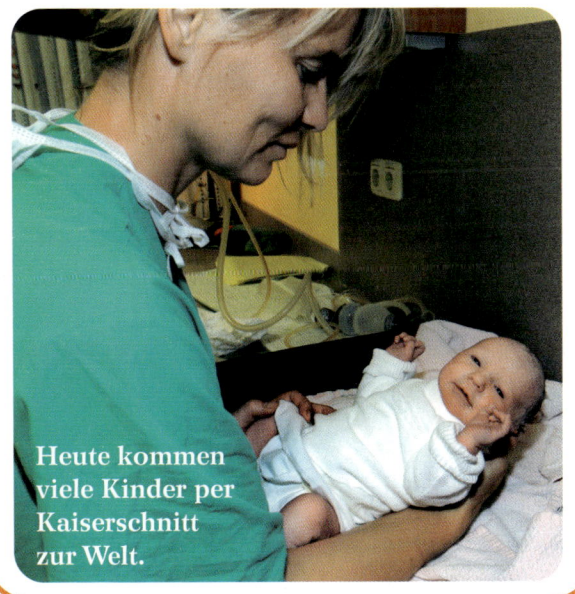

Heute kommen viele Kinder per Kaiserschnitt zur Welt.

Welcher Körperteil kommt bei einer natürlichen Geburt zuerst zum Vorschein?

Der Kopf — so ist es bei den meisten Babys. Er ist der größte und härteste Teil des Körpers. Ist er draußen, folgt der Körper des Babys in der Regel schnell hinterher. Doch es gibt auch Babys, die mit dem Po voran auf die Welt kommen. Wie das? Während der Schwangerschaft bewegt sich ein Baby viele Male hin und her: Mal ist der Kopf unten, mal die Füße und mal der Po. Solange es noch sehr klein ist, macht ihm dieses Drehen und Wenden im Bauch keine Mühe. Kurz vor der Geburt aber ist es schon sehr eng im Bauch. Nicht alle Babys schaffen es, sich noch ein letztes Mal so zu drehen, dass der Kopf unten liegt.

Wie viele Kinder kann eine Frau gleichzeitig austragen?

Wenn eine Frau schwanger ist, dann in der Regel nur mit einem Kind. Es gibt jedoch auch Mehrlingsschwangerschaften. Dann trägt eine Frau zwei oder mehr Kinder auf einmal aus. Die Wahrscheinlichkeit,

Vierlinge sind sehr selten.

dass eine Frau mehr als zwei Kinder zugleich erwartet, ist aber relativ gering. Drillinge gibt es unter 7225 Geburten nur einmal. Noch seltener sind Vierlinge: Sie kommen nur alle 614.125 Geburten einmal vor.

Warum schreit ein Baby direkt nach der Geburt?

Ist das Baby auf der Welt, erschrickt es, denn außerhalb des Mutterleibes ist es kälter als im Bauch der Mutter. Vor lauter Schreck fängt es an zu atmen und schreit. Jetzt kann sich die Lunge entfalten und mit Sauerstoff füllen. Das Schreien ist dazu nicht unbedingt notwendig. Aber jede Mutter ist froh, wenn sie nach der Geburt das Baby schreien hört — es ist ein sicheres Zeichen dafür, dass ihr Kind lebt.

Babys schreien direkt nach der Geburt.

Was können Babys, wenn sie auf die Welt kommen?

Auch wenn es hilflos aussieht — seine Reflexe helfen dem Baby beim Start ins Leben. Einer der wichtigsten Reflexe ist der Saugreflex: Neugeborene beginnen zu saugen, wenn man ihre Lippen be-

Schwangerschaft, Geburt

rührt. Der Suchreflex — Neugeborene drehen den Kopf und öffnen den Mund, wenn man über die Wange streicht — hilft ihnen, die Brust zu finden. Dazu kommt der Umklammerungsreflex: Wenn das Baby aus einer aufrechten Haltung flach hingelegt wird, streckt es automatisch Arme und Beine aus, als wollte es sich festhalten. Dieser Reflex stammt noch aus der Zeit, als sich Babys selbstständig an ihrer Mutter festklammerten, so wie es heute noch Menschenaffenbabys tun.

Warum können Babys nicht das gleiche essen wie ältere Kinder?

Man sieht es bereits, wenn ein Baby lacht — es hat noch keine Zähne. Dafür haben Babys einen Saugreflex. Sie können nur flüssige Nahrung aufnehmen, am besten Muttermilch. Auch sind die Verdauungsorgane noch nicht voll entwickelt. Das heißt, dass der Magen und der Darm eines Babys die Nahrung, die größere Kinder und Erwachsene essen, noch nicht in Energie umwandeln können. Erst mit einem halben Jahr, wenn es die ersten Zähne bekommt, ist es sinnvoll, ein Baby mit Brei an festere Nahrung zu gewöhnen.

Wie nehmen Neugeborene ihre Umgebung wahr?

Was sie genau sehen, hören und fühlen, wissen wir nicht. Fest steht, dass Babys mit gut funktionierenden Sinnesorganen zur Welt kommen. Sinneseindrücke sind für das Lernen und die Entwicklung des Kindes lebenswichtig: Nur wenn ein Kind Sinnesreize erhält, also etwas hört, sieht oder ertastet, bilden sich neue Synapsen, das heißt Verbindun-

gen im Gehirn. Vielfältige Anregungen wie Spiele, Lieder oder Geschichten fördern die geistige Entwicklung des Babys.

Ein Baby braucht Sinnesreize für seine Entwicklung.

Haben alle Babys bei ihrer Geburt blaue Augen?

Das ist nur bei hellhäutigen Babys so. Obwohl die Iris blau aussieht, hat sie eigentlich noch keine Farbe: Das Licht, das ins Auge fällt, lässt sie blau schimmern. Die Augen hellhäutiger Neugeborener haben noch kein Melanin, das sie vor schädlichen Sonnenstrahlen schützt. Die endgültige Augenfarbe entwickelt sich im Lauf des ersten Lebensjahres. Je mehr Farbstoff produziert wird, desto dunkler werden die Augen. Bleiben die Augen blau, wurde nur wenig, bei grünen Augen etwas mehr und bei braunen Augen viel Farbstoff erzeugt. Übrigens sind die Augen von dunkelhäutigen Neugeborenen von Anfang an braun, werden dann aber auch dunkler.

Dunkelhäutige Babys haben von Anfang an braune Augen.

Warum können Neugeborene schwimmen und tauchen?

Bis zu etwa vier Monaten besitzen Babys den sogenannten Tauchreflex. Sobald das Gesicht des Babys untertaucht, nehmen die Nervenenden in der Haut das Wasser wahr. Sie senden ein Signal zum Kehlkopf, der dann die Luftröhre verschließt. So kann kein Wasser in die Lunge eindringen. Erst wenn wieder Luft an das Gesicht kommt, wird der Tauchreflex aufgehoben und das Baby kann atmen. Deshalb kann einem Baby auch bei einer Wassergeburt nichts passieren.

Bis zum vierten Monat haben Babys einen Tauchreflex.

Warum muss man auf den Kopf eines Neugeborenen besonders achtgeben?

Im Vergleich zum Körper ist der Kopf eines Neugeborenen sehr groß und schwer. Entsprechend viel Kraft kostet es das Baby, seinen Kopf zu halten. Ein Babykopf ist auch besonders empfindlich: Weil er stark wächst, sind die einzelnen Knochen, die den Schädel bilden, noch nicht fest verbunden. Es gibt sogar zwei Lücken, die sogenannten Fontanellen. Erst wenn das Kind zwei Jahre alt ist, sind beide Fontanellen geschlossen.

Müssen alle Babys Bäuerchen machen?

Ein Bäuerchen ist nichts anderes als ein Rülpser. Es entsteht, wenn man beim Essen Luft schluckt — das ist bei Babys nicht anders als bei Erwachsenen. Die Luft, die sich beim Baby im Magen ansammelt, kann ein Druckgefühl oder Blähungen auslösen — beides tut weh. Dagegen hilft ein Bäuerchen: Indem man das Kind nach dem Füttern hochnimmt und mit der flachen Hand ein paar Mal leicht auf den Rücken klopft, erleichtert man dem Baby das Aufstoßen.

Warum stillen viele Mütter ihre Babys?

Das Stillen des Babys an der Mutterbrust hat viele Vorteile. Muttermilch sättigt, löscht den Durst und enthält genau die Nährstoffe, die das Baby braucht. Zudem sind in der Muttermilch Abwehrstoffe gegen Krankheiten, sogenannte Antikörper enthalten. So ist das Baby nach der Geburt für einige Zeit gegen ver-

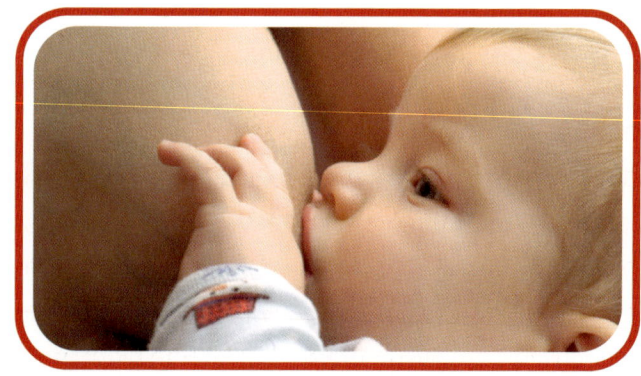

Stillen schützt das Baby vor Krankheiten.

Schwangerschaft, Geburt

schiedene ansteckende Krankheiten geschützt. Gestillte Kinder bekommen außerdem seltener Allergien als Flaschenkinder. Viele Mütter finden das Stillen sehr schön: Sie fühlen sich dann besonders eng mit ihrem Baby verbunden.

Warum lutschen Babys am Daumen?

Die meisten Babys beginnen schon im Mutterleib mit dem Nuckeln. So trainieren sie das Saugen, und zwar manche so heftig, dass sie mit regelrechten „Schwielen" am Däumchen geboren werden. Saugen ist ein Reflex, der den Babys ermöglicht, in den ersten Lebensmonaten satt zu werden. Babys sind im wahrsten Sinne des Wortes „Säuglinge": Das Saugen am Daumen stillt natürlich nicht den Hunger, aber es tröstet und entspannt das Baby.

Babys haben einen Saugreflex.

Warum können Babys gleichzeitig atmen und trinken?

Das hängt mit der Lage des Kehldeckels zusammen. Babys haben eine Art Ventil, das dafür sorgt, dass die Flüssigkeit um den Kehlkopf herumgeleitet wird. Es ermöglicht, dass die Luftröhre offen bleibt. Wenn sie sich später aufrecht halten können, ändert sich das. Der Kehldeckel sinkt nach unten und berührt dann beim Schließen nicht mehr den Gaumen.

Warum bekommen Babys Vitamin K und D?

Vitamin K ist lebenswichtig, da es die Blutgerinnung reguliert. Neugeborene haben zu wenig Vitamin K, auch die Muttermilch liefert nicht genügend davon. Um zu verhindern, dass sich im Gehirn Blutgerinnsel bilden, bekommen Babys unmittelbar nach der Geburt Vitamin K. Vitamin D ist zwar in der Muttermilch enthalten, aber ebenfalls nicht in ausreichender Menge. Warum brauchen Babys dieses Vitamin? Es sorgt dafür, dass Kalzium in die Knochen eingelagert wird. Kalzium macht die Knochen hart und stabil.

Wie entwickeln sich gesunde Babys in den ersten Monaten?

Abgesehen von der Pubertät entwickelt sich der Mensch nie wieder so schnell wie im ersten Lebensjahr: Mit einem Jahr kann ein Baby Dinge, die man vor seinen Augen versteckt hat, wiederfinden und sie mit Daumen und Zeigefinger festhalten; es kann andere verstehen und einfache Wörter sagen. Es kann sitzen und sich aufrichten; viele können mit einem Jahr bereits gehen, ohne sich festzuhalten. Doch Babys werden nicht nur schlau und mobil, sie werden vor allem größer und schwerer: An ihrem ersten Geburtstag wiegen sie dreimal so viel wie bei der Geburt und sind doppelt so groß!

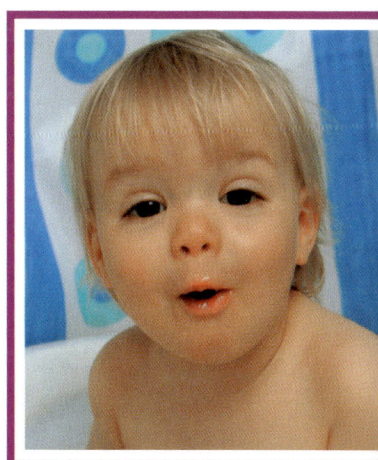

Mit einem Jahr kann ein Kind sitzen.

Wieso sehen Mädchen anders aus als Jungen?

Meistens erkennt man am Gesicht, ob ein Kind ein Junge oder ein Mädchen ist. Doch das entscheidende Merkmal sind natürlich die Geschlechtsorgane. Bei Mädchen ist es die Scheide, bei Jungen der Penis und die Hoden. Von der Natur ist es so eingerichtet, dass die beiden unterschiedlichen Geschlechter zur Fortpflanzung zusammenkommen. Das ist auch bei höher entwickelten Tieren so. Aus den Genen von Vater und Mutter entsteht dann ein einzigartiges Lebewesen, in dem die Erbanlagen beider Elternteile neu zusammengefügt sind. Forscher haben herausgefunden, dass Arten umso bessere Überlebenschancen haben, je vielfältiger ihre Erbanlagen sind.

Jungen und Mädchen sehen unterschiedlich aus.

Was ist Sexualität?

Zum einen dient Sexualität natürlich dazu, dass sich Menschen fortpflanzen, also Kinder bekommen. Viele Leute glauben, dass mit Sexualität nur der Geschlechtsakt zwischen zwei Menschen gemeint sei. Doch das stimmt nicht. Sex ist etwas sehr Persönliches. Niemand möchte mit einem Menschen schlafen oder gar ein Kind mit ihm haben, wenn er ihn nicht mag oder unattraktiv findet. Deshalb gehören zur Sexualität auch Gefühle wie Lust, Verliebtsein und Liebe. Zugleich sind solche Gefühle etwas, das man nicht bewusst steuern kann. Wenn man jeman-

den besonders anziehend findet, kann es passieren, dass man ihn oder sie auf der Stelle umarmen und küssen möchte. Natürlich darf man diesem Drang nur nachgeben, wenn man weiß, dass die andere Person das auch möchte.

Ab welchem Alter kann man Sexualität erleben?

Sexualität beginnt nicht erst, wenn man erwachsen ist. Bereits kleine Kinder entdecken ihre Sexualität. Sogenannte Doktorspiele, bei denen der eigene Körper und der Körper anderer Kinder spielerisch „erforscht" werden, sind Teil der kindlichen Sexualität. Doch sie hat ihre Grenzen — Kinder können nicht miteinander schlafen, da ihre Geschlechtsorgane dafür noch nicht reif sind. So etwas möchten Kinder aber auch gar nicht. Besonders kleinere Kinder verstehen die Bedeutung von Sex zwischen Erwachsenen noch nicht. Deshalb ist eines sehr wichtig: Kein Erwachsener darf sexuelle Handlungen an einem Kind vornehmen oder Derartiges von einem Kind verlangen.

Welche Rolle spielt die Sexualität in der Pubertät?

In der Pubertät werden verstärkt Geschlechtshormone produziert. Sie bewirken, dass Jungen und Mädchen körperlich erwachsen, das heißt ge-

In der Pubertät verlieben sich viele zum ersten Mal.

Zeit sehr prägend und stellt das Gefühlsleben auf den Kopf. Nicht selten erleben Jugendliche eine Achterbahn der Gefühle, sind an einem Tag überglücklich und fühlen sich plötzlich wieder tieftraurig. Wie das? Wissenschaftler glauben, dass das Gehirn in der Pubertät weniger von dem Hormon Melatonin produziert, weil in dieser Zeit vermehrt Sexualhormone für die Geschlechtsreifung gebildet werden. Da Melatonin unter anderem aber für gute Laune verantwortlich ist, kommt es immer mal wieder zu Stimmungsschwankungen.

schlechtsreif werden. In diesem Lebensabschnitt nehmen sie ihren eigenen Körper anders und viel intensiver wahr. Zugleich steigt das sexuelle Interesse an Menschen des anderen oder eigenen Geschlechts und man findet bestimmte Menschen mehr oder weniger attraktiv. Die Pubertät ist auch die Zeit der ersten sexuellen Erfahrungen: Den ersten „richtigen" Kuss erleben Jugendliche mit durchschnittlich 14 Jahren, mit etwa 17 Jahren schlafen sie das erste Mal miteinander. Oft ist diese

Manchmal kommt es in der Pubertät zu Stimmungsschwankungen.

Wissenswertes über Hormone

Hormone sind Botenstoffe, die der Körper in Drüsen produziert. Sie steuern ganz unterschiedliche Vorgänge. Adrenalin, ein Stresshormon, lässt das Herz schneller schlagen und bereitet den Körper auf Kampf oder Flucht vor. Die Sexualität und Fortpflanzung werden ebenfalls von Hormonen gesteuert. Beim Mann ist es das Hormon Testosteron, bei der Frau Östrogen. Sie bewirken, dass der Körper vom Kind zum Erwachsenen heranreift. Die Sexualhormone haben einen großen Einfluss darauf, wie wir uns fühlen. Dass viele Jugendliche oft so schlecht gelaunt sind, hängt damit zusammen, dass in der Pubertät besonders viele Hormone ausgeschüttet werden.

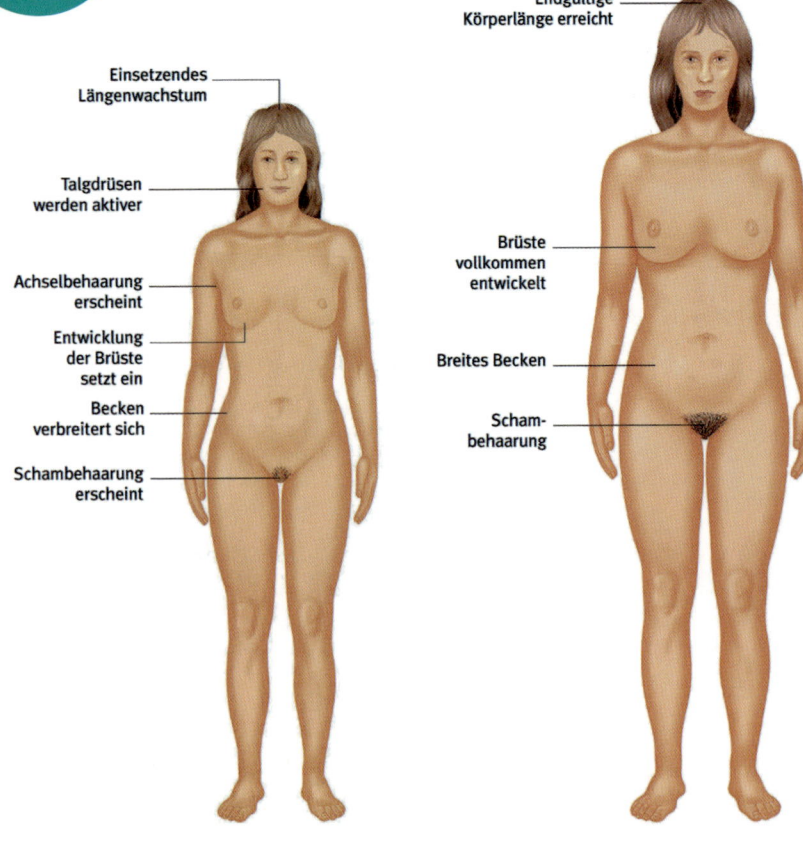

Einsetzendes
Längenwachstum

Talgdrüsen
werden aktiver

Achselbehaarung
erscheint

Entwicklung
der Brüste
setzt ein

Becken
verbreitert sich

Schambehaarung
erscheint

Endgültige
Körperlänge erreicht

Brüste
vollkommen
entwickelt

Breites Becken

Scham-
behaarung

Die Entwicklung vom Mädchen zur Frau

Was passiert, wenn ein Mädchen erwachsen wird?

Nicht nur der Busen wächst, Mädchen bekommen auch etwas breitere Hüften, Achselhaare sowie Schamhaare im Bereich der Scheide. Die größte Veränderung ist die monatliche Blutung (Menstruation). Umgangssprachlich sagt man auch, eine Frau „hat ihre Tage". Der Grund dafür ist, dass in der Gebärmutter jeden Monat eine Schleimhaut aufgebaut wird, in der sich eine befruchtete Eizelle einnisten kann. Die Gebärmutter bereitet sich so auf eine eventuelle Schwangerschaft vor. Bleibt diese aus, wird die unbefruchtete Eizelle zusammen mit der blutigen Gebärmutterschleimhaut durch die Scheide abgestoßen. Das geschieht in einem Rhythmus von etwa 28 Tagen. Um das Blut aufzufangen, verwenden Mädchen und Frauen Binden oder Tampons. Ihre erste Monatsblutung bekommen Mädchen im Durchschnitt mit zwölfeinhalb Jahren.

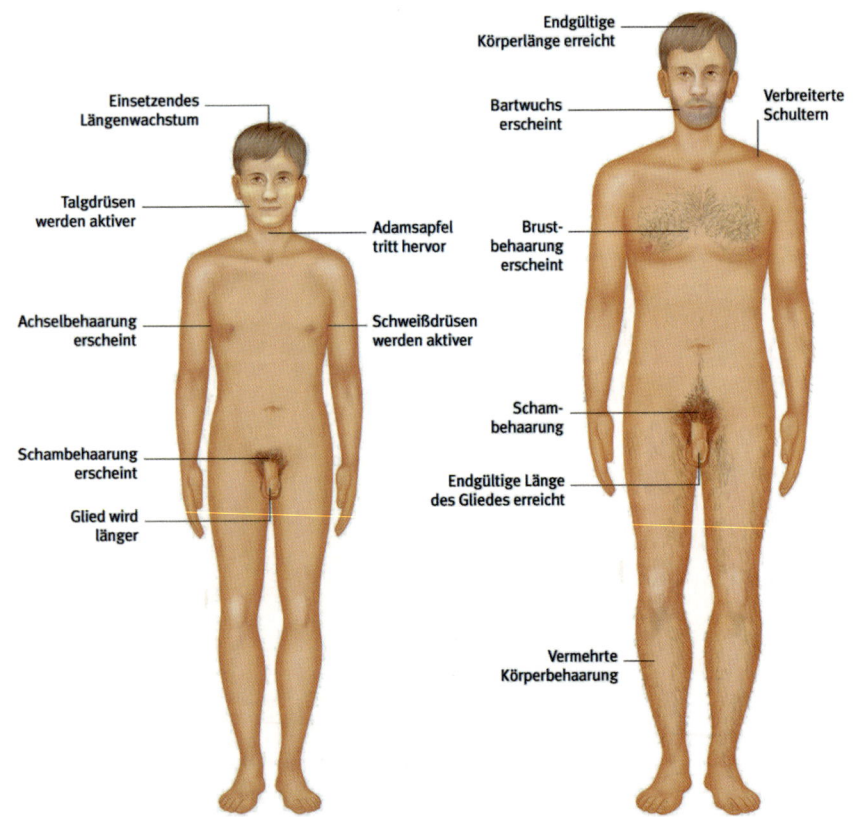

Einsetzendes
Längenwachstum

Talgdrüsen
werden aktiver

Achselbehaarung
erscheint

Schambehaarung
erscheint

Glied wird
länger

Adamsapfel
tritt hervor

Schweißdrüsen
werden aktiver

Endgültige
Körperlänge erreicht

Bartwuchs
erscheint

Verbreiterte
Schultern

Brust-
behaarung
erscheint

Scham-
behaarung

Endgültige Länge
des Gliedes erreicht

Vermehrte
Körperbehaarung

Die Entwicklung vom Jungen zum Mann

Wie wird aus einem Jungen ein Mann?

Jungen kommen in den Stimmbruch oder, besser gesagt, in den Stimmwechsel. Das Hormon Testosteron bewirkt, dass sich der Kehlkopf vergrößert und die Stimmlippen wachsen. Anfangs ist die Stimme mal höher, mal tiefer. Erst mit der Zeit pendelt sich die Stimmlage ein. Zu Beginn der Pubertät wachsen außerdem die Hoden. Nach einem halben Jahr wird auch der Penis größer, die Schamhaare wachsen. Die stärkste Veränderung bei Jungen ist der Samenerguss: Wenn Jungen sexuell erregt sind, strömt viel Blut in den Penis, er wird steif und schließlich spritzt Sperma heraus.

Sexualität

Jungen erleben ihren ersten Samenerguss zwischen 14 und 17 Jahren.

Was ist mit „feuchten Träumen" gemeint?

Irgendwann passiert es jedem Jungen in der Pubertät — er wacht morgens auf und die Unterhose ist feucht. Doch nicht etwa von Urin. Nein, es ist etwas anderes. Aber was? Es ist Sperma. Jungen in der Pubertät haben häufiger in der Nacht einen Samenerguss. Manchmal träumen sie wild von nackten Mädchen und Frauen, manchmal auch nicht — der Samenerguss kommt trotzdem. Ein schlechtes Gewissen muss dabei niemand haben. Denn nächtliche Samenergüsse hat jeder, sie gehören bei Jungen zum Erwachsenwerden dazu.

Warum bekommt man in der Pubertät oft Pickel?

Schuld daran sind die Geschlechtshormone. Wenn sich der Körper vom Kind zum Erwachsenen entwickelt, kann es passieren, dass zu viele Geschlechtshormone ausgeschüttet werden. Für die Akne verantwortlich ist das männliche Geschlechtshormon Testosteron. Es regt die Talgdrüsen dazu an, vermehrt Fett zu produzieren. Dabei können sich die Drüsen verstopfen. Bakterien siedeln sich an und es kommt zu einer Entzündung — schon hat man Akne. Mitesser sind verstopfte Poren mit einem schwarzen Punkt. Sie entstehen auf die gleiche Art wie Pickel, nur sind sie nicht entzündet. Leider hat man die meisten Pickel und Mitesser gerade dort, wo sie jeder sieht, nämlich im Gesicht!

Warum küssen sich Menschen?

Dazu gibt es verschiedene Meinungen. Eine davon führt ins Reich der Tiere: Affenmütter füttern ihre Kinder mit vorgekautem Essen. Dabei berühren sich ihre Münder wie bei einem Kuss. Der Kuss könnte also ein Erbe aus der Vorzeit sein. Andere Kussforscher meinen, dass sich die Menschen küssen, um sich zu beschnuppern. Auf diese Weise wollen sie herausfinden, ob sie sich „riechen", also gut leiden können.

Warum sich Menschen küssen, ist noch nicht eindeutig erforscht.

Küssen alle Menschen gleich?

Wie oft, wo, ob in der Öffentlichkeit oder heimlich — Küssen ist eine Sache der Kultur. In Japan wollen Liebespaare beim Küssen nicht beobachtet werden. Sie küssen sich nur, wenn niemand hinguckt. Anders in Frankreich: Dort küssen sich Verliebte ohne Scheu in aller Öffentlichkeit. Einige andere Völker, zum Beispiel die Eskimos, küssen sich nicht auf den Mund. Sie reiben stattdessen die Nasen aneinander.

Was ist ein Knutschfleck?

Ein Knutschfleck verrät, dass man sehr heftig geküsst wurde. Weil beim Küssen gesaugt wird, werden die Haut und das Gewebe darunter gequetscht. Dabei platzen kleine Blutgefäße. Dennoch fließt weiter Blut in das Gewebe und sammelt sich dort an, bis es — wie bei jedem blauen Fleck — abgebaut wird.

Beim Küssen wird gesaugt.

Was ist Petting?

Wenn Paare intensiv miteinander schmusen und sich zärtlich berühren, spricht man von Petting. Bei Petting handelt es sich also um Formen von Zärtlichkeit, bei denen es aber noch nicht zum Geschlechtsverkehr kommt. Viele Paare empfinden Petting dennoch als sehr schön und lustvoll. Man kann dabei sogar zum Höhepunkt kommen.

Kann man Sexualität auch alleine erleben?

Ja. Die meisten Jugendlichen machen ihre ersten sexuellen Erfahrungen, indem sie ihre Geschlechtsorgane mit der Hand berühren. Man kann sich dabei so sehr erregen, dass man zum sexuellen Höhepunkt, auch Orgasmus genannt, kommt. Die Selbstbefriedigung galt früher als etwas Schmutziges, das man nicht tun sollte. Heute sieht man das anders: Sie ist eine Möglichkeit, seinen Körper und seine Sexualität kennenzulernen.

Ab wann darf man Sex zu zweit haben?

Für Sex zu zweit gibt es in jedem Land unterschiedliche Regelungen. Dabei ist mit „Sex" nicht nur Geschlechtsverkehr gemeint. Auch Zungenküsse und Petting gehören dazu! In Deutschland ist Sex verboten, wenn ein Partner unter 14 Jahre alt ist. Ebenfalls verboten ist ein großer Altersabstand: Wer über 21 ist und mit jemandem unter 16 Sex hat, macht sich strafbar. Darüber hinaus gibt es weitere Regelungen: Selbst wenn du über 14

Sex zu zweit darf man in Deutschland nicht unter 14 Jahren haben.

Sexualität

bist, darfst du mit deinem Lehrer oder deiner Lehrerin, deinem Trainer oder deiner Trainerin keinen Sex haben. Sex mit Schutzbefohlenen ist verboten. Unter Schutzbefohlenen versteht man vor allem Kinder und Jugendliche, aber auch Kranke und Wehrlose, die unter der Obhut einer Person stehen.

Was geschieht im Körper, wenn man sexuell erregt ist?

Egal, ob Mann oder Frau: Wenn man sexuell erregt ist, schlägt das Herz schneller, der Blutdruck steigt, die Hände werden feucht, man bekommt weiche Knie und es kribbelt! Bei den Geschlechtern gibt es jedoch Unterschiede. Bei Frauen richten sich die Brustwarzen auf, die Scheide dehnt sich und wird feucht. Männer bekommen eine Erektion, das heißt, der Penis wird hart und richtet sich auf.

Was passiert, wenn Mann und Frau Sex haben?

Die körperliche Vereinigung, bei der ein Baby entstehen kann, nennt man Geschlechtsverkehr, „miteinander schlafen" oder kurz Sex. Dabei steckt der Mann seinen Penis in die Scheide der Frau und bewegt ihn auf und ab. Mann und Frau erregen sich immer mehr. Schließlich kommt es zum sogenannten Orgasmus, dem Höhepunkt der sexuellen Lustempfindung. Bei der Frau zieht sich dann die Gebärmutter rhythmisch zusammen, der Mann bekommt einen Samenerguss. Dabei spritzt Sperma aus seinem Penis in die Scheide der Frau. Wenn ein Spermium mit einer Eizelle verschmilzt, ist sie befruchtet und ein Baby kann im Bauch der Frau heranwachsen.

Tut das „erste Mal" weh?

Diese Frage stellen sich vor allem Mädchen. Sie haben Angst davor, weil sie gehört haben, dass das Jungfernhäutchen — ein Hautgewebe, das wie ein Ring den Scheideneingang umgibt — reißt, wenn sie das erste Mal mit einem Jungen schlafen. Das kann, muss aber nicht weh tun. Bei vielen Mädchen ist das Jungfernhäutchen längst gerissen, bevor sie zum ersten Mal Geschlechtsverkehr haben. Wenn sich ein Mädchen mit seinem Partner wirklich gut versteht, wird er die Bedenken und die Angst seiner Freundin respektieren und entsprechend vorsichtig sein. Wenn nicht, ist er wahrscheinlich nicht „Mr. Right".

Wird bei jedem Geschlechtsverkehr ein Baby gezeugt?

Nein. Eine Frau ist nur an wenigen Tagen im Monat fruchtbar. Wenn sie ihre Periode bekommt, beginnt ein neuer Zyklus. Dann dauert es wieder rund 14 Tage, bis eine neue Eizelle in den Eierstöcken heranreift. Sobald ein „reifes" Ei nach dem Eisprung im Eileiter ist, kann es 24 Stunden lang befruchtet werden. Doch das heißt nicht, dass eine Frau in dieser Zeit mit einem Mann schlafen muss, wenn sie schwanger werden möchte. Spermien können mehrere Tage im Körper der Frau überleben und das Ei befruchten. Ein Baby kann entstehen, wenn Mann und Frau am Tag des Eisprungs oder wenige Tage davor miteinander schlafen.

Nicht immer entsteht ein Baby, wenn ein Paar Sex hatte.

Wie kann eine Frau eine Schwangerschaft verhindern?

Wenn es darum geht, eine Schwangerschaft zu vermeiden, spricht man von Empfängnisverhütung. Am einfachsten erscheint es, an seinen fruchtbaren Tagen auf Sex zu verzichten. Viele wollen das aber nicht. Dazu kommt, dass viele Frauen einen unregelmäßigen Zyklus haben — sie wissen also nicht genau, wann ihr Eisprung ist und können ihre fruchtbaren Tage nicht exakt berechnen. Deshalb verwenden viele Frauen Verhütungsmittel wie zum Beispiel die Pille, die man täglich einnehmen muss, oder die Spirale, die in die Gebärmutter eingesetzt wird. Oder sie verlangt von dem Mann, dass er ein Kondom benutzt.

Was ist ein Kondom?

Ein Kondom ist eine Art „Gummihaube" für den Penis und verhindert, dass Sperma in den Körper der Frau gelangt und mit der Eizelle verschmelzen kann. Bevor beim Geschlechtsverkehr Sperma aus dem Penis spritzt, zieht der Mann ein Kondom über seinen Penis. Es fängt das Sperma auf und sammelt es vorn in einer kleinen Spitze, dem sogenannten Spermareservoir.

Ein Kondom verhindert, dass Sperma in den Körper der Frau gelangt.

Wissenswertes über Verhütung

Immer wieder kann es zu Pannen bei der Verhütung kommen, zum Beispiel kann ein Kondom platzen oder die Pille wurde vergessen. In diesem Fall verhindert die „Pille danach" eine Schwangerschaft. Sie muss bis spätestens 72 Stunden, das heißt drei Tage nach dem Geschlechtsverkehr eingenommen werden und verhindert, dass sich das befruchtete Ei einnistet. Die „Pille danach" muss vom Arzt verschrieben werden.

Wie funktioniert die Pille?

Im Körper einer Frau reift etwa alle 28 Tage eine Eizelle heran. Bleibt sie unbefruchtet, wird sie wieder abgestoßen. Mit zusätzlichen Hormonen verändert die Pille den Hormonhaushalt der Frau. Das funktioniert so: Unter dem Einfluss des Hormons Östrogen reift ein Ei heran und kann befruchtet werden. Wenn eine Frau schwanger ist, produziert der Körper sehr viele Östrogene. Sie verhindern, dass weitere Eier heranreifen. Dazu kommt das Hormon Gestagen. Eine große Menge an Gestagen verdickt den Schleim im Muttermund so sehr, dass Spermien nicht mehr bis in die Eileiter aufsteigen können. Wenn eine Frau mit der Pille zusätzlich Östrogen und Gestagen aufnimmt, erzielt sie damit den gleichen Effekt: Der Körper „denkt", er sei schwanger, deshalb kommt es nicht zum Eisprung. Dieses hormonelle Täuschungsmanöver ist sehr sicher — von tausend Frauen, die ein Jahr lang die Pille nehmen, wird nur eine schwanger.

Sexualität

89

Was ist „Safer Sex"?

Safer Sex bedeutet soviel wie „sicherer Sex". Obwohl es vielleicht so klingt, ist Safer Sex keine Verhütungsmethode. Safer Sex ist eine Methode, mit der man verhindert, dass beim Geschlechtsverkehr Krankheiten übertragen werden. Blut, Sperma und Scheidenflüssigkeit können Krankheitskeime übertragen. Beim Safer Sex wird verhindert, dass Körperflüssigkeiten in den Körper des Sexualpartners gelangen. Wie funktioniert Safer Sex? Mit Kondom! Ein Kondom hält nicht nur Sperma zurück, es verhindert auch, dass der Mann mit Scheidenflüssigkeit oder Blut in Kontakt kommt.

Was bedeutet hetero-, homo- und bisexuell?

Von homosexuell spricht man, wenn sich jemand sexuell zum gleichen Geschlecht hingezogen fühlt. Je nach Geschlecht verwendet man unterschiedli-

Homosexualität ist nichts Unnatürliches.

che Begriffe: Männer, die mit Männern zusammen sind, nennt man schwul. Frauen, die mit Frauen zusammen sind, nennt man lesbisch. Als heterosexuell bezeichnet man Menschen, die sich vom anderen Geschlecht sexuell angezogen fühlen. Menschen, die sowohl dem gleichen als auch dem anderen Geschlecht sexuell zugeneigt sind, gelten als bisexuell. Obwohl die meisten Menschen heterosexuell sind, sind Homo- und Bisexualität nichts Unnatürliches.

Haben auch alte Menschen Sex?

Viele Kinder finden es peinlich, wenn sich ihre Eltern küssen. Dass ihre Großeltern das auch tun und vielleicht sogar intime Zärtlichkeiten miteinander austauschen, können sie sich kaum vorstellen. Heute weiß man, dass Menschen, egal, wie alt sie sind, sexuelle Lust empfinden. Ob und wie man seine Lust auslebt, hängt weniger vom Alter, sondern von der Gesundheit ab.

Auch ältere Menschen empfinden sexuelle Lust.

Gibt es Menschen, die keine Freude am Sex haben?

Forscher gehen davon aus, dass etwa ein Mensch von hundert keine Freude am Sex hat. Man nennt solche Menschen asexuell. Asexuelle haben kein Verlangen danach, mit anderen zu schlafen. Viele haben dennoch eine Liebesbeziehung.

Gefühle

Warst du auch schon mal so richtig wütend – mit Türenschlagen und Schreianfällen? Alles, was wir tun und erleben, ist von Gefühlen begleitet. Manche sind schön, andere traurig oder ärgerlich und wieder andere können verunsichern und das Leben ziemlich kompliziert machen. Aber warum haben wir eigentlich Gefühle?

Gefühle helfen

Lange Zeit glaubte man, dass Gefühle nur etwas für Heulsusen und Weicheier sind. Man sollte seinen gesunden Menschenverstand benutzen und Gefühle am besten unterdrücken. „Ein Indianer kennt keinen Schmerz" heißt ein altes Sprichwort.

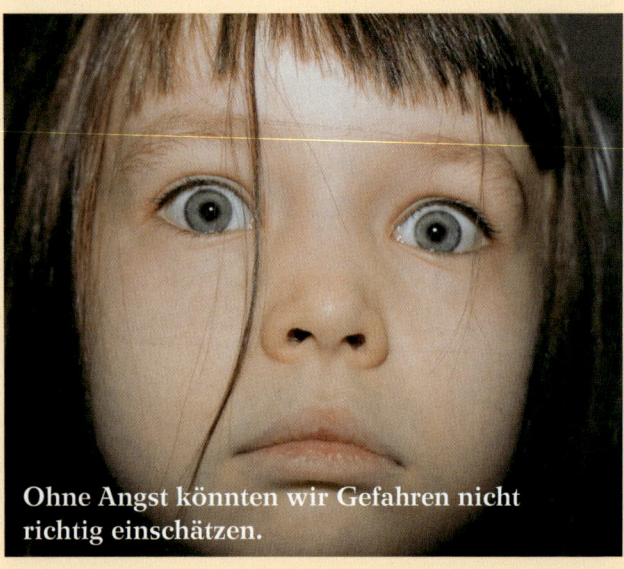

Ohne Angst könnten wir Gefahren nicht richtig einschätzen.

Heute weiß man es besser: Ohne Gefühle könnten wir nicht überleben. Wir würden zum Beispiel verschimmelte Nahrung essen, wenn wir keinen Ekel verspüren würden, und ohne Angst könnten wir Gefahren nicht erkennen. Stell dir dein Familienleben vor, wenn es keine Liebe und Rücksichtnahme gäbe ... Gefühle lösen oft eine Kette von Reaktionen aus, ohne dass wir zuvor lange darüber nachdenken müssen. Angst, Ekel, Freude, Trauer, Überraschung, Verachtung und Wut sind grundlegende Gefühle, die bei allen Menschen auf der ganzen Welt die gleichen Reaktionen im Gesicht auslösen. Wenn wir beispielsweise einen Hund mit gefletschten Zähnen sehen, bekommen wir Angst. Sie spiegelt sich im Gesicht wider. Mit unserer Mimik geben wir anderen ein Signal — „Vorsicht, Gefahr droht". Im selben Moment beginnt das Herz schneller zu schlagen, unser Körper wird auf Flucht programmiert. Wir wenden uns ab, gehen einen Schritt zurück oder rennen sofort davon.

Negative Gefühle

Natürlich ist es nervig, wenn man bei der kleinsten Gelegenheit anfängt zu weinen oder zu jammern. Aber Gefühle ganz zu unterdrücken ist auch nicht besser. Die Gefühle stauen sich an und eines Tages geht man wie ein Pulverfass in die Luft.
Wie kann man einen goldenen Mittelweg finden? Man muss sich über seine Gefühle im Klaren sein. Hilfreich ist, wenn man sie aufschreibt, zum Beispiel in ein Tagebuch. Warum ärgere ich mich darüber, dass meine Freundin eine bessere Note hat als ich? Steckt etwa Neid dahinter? Neid gilt als ein sehr schlechtes Gefühl. Kaum jemand will zugeben, dass er neidisch ist. Doch es hat auch seine guten Seiten: Neid weckt deinen Ehrgeiz und treibt

dich dazu an, aktiv zu werden. Ähnlich ist es bei der Wut. In ihr steckt sehr viel Kraft. Lass sie nicht sinnlos an anderen aus, sondern nutze sie, um eine Lösung für das Problem zu finden, das dich so verärgert. Bei Gefühlen wie Angst oder Unsicherheit hilft es meistens, wenn man sich anderen Menschen anvertraut. Überhaupt macht es Sinn, seine Gefühle auszu-

sprechen. Familienmitglieder, Freunde oder Bekannte können Ratgeber oder einfach nur gute Zuhörer sein. Oft ist man bereits erleichtert, wenn man hört, dass andere auch schon mal ähnliche Gefühle hatten.

Wenn man traurig ist, hilft es oftmals, darüber zu reden.

Pubertät: Zeit großer Gefühle

Kaum ein Lebensabschnitt ist so aufregend und oft auch anstrengend wie die Zeit des Erwachsenwerdens. Eben noch war man locker drauf. Doch dann kann man wegen einer kleinen Bemerkung von den Eltern schier ausflippen. Stimmungsschwankungen sind typisch für ältere Kinder und Jugendliche. Doch das Auf und Ab der Gefühle ist längst nicht alles: Die meisten Menschen sind in der Pubertät zum ersten Mal verliebt. Das ist ein ganz neues, oft überwältigendes Erlebnis: Man steht wie unter Strom, kann kaum noch klar denken und spürt die berühmten Schmetterlinge im Bauch. Dafür sorgen jede Menge Botenstoffe, die das Gehirn förmlich überschwemmen und uns in einen Glückszustand versetzen. Der Zustand des Ver-

liebtseins hält aber nur kurz an. Der Körper hält den Stress, der damit verbunden ist, nicht lange aus. Mit der Zeit entsteht daraus das Gefühl einer tiefen Geborgenheit. Oder man merkt, dass der andere doch nicht so gut zu einem passt, wie man dachte. Manche trennen sich dann im Streit, andere bleiben ein ganzes Leben lang befreundet.

Verliebtsein ist ein aufregendes Gefühl.

Warum werden wir krank?

Infektionskrankheiten wie Schnupfen werden durch Bakterien oder Viren ausgelöst und sind ansteckend. Meistens konnte die körpereigene Abwehr die Viren nicht aufhalten. Andere Krankheiten sind nicht ansteckend. Dazu gehören unter anderem Kreislauferkrankungen, Herzinfarkt, Diabetes oder Krebs. Das Risiko, daran zu erkranken, steigt, wenn man jahrelang ungesund lebt, also zum Beispiel raucht, aber auch bei ungesunder Ernährung und zu wenig Bewegung. Seltener sind Erbkrankheiten wie das Downsyndrom. Sie werden durch Schäden am Erbgut hervorgerufen.

Warum bekommt man Fieber?

Fieber ist an sich keine Krankheit. Eine Körpertemperatur über 38 Grad Celsius ist ein Zeichen dafür, dass der Körper Krankheitserreger bekämpft. Dann erzeugen die weißen Blutkörperchen einen „Fieberstoff", der dazu führt, dass die Muskelfasern vibrieren und die Körpertemperatur steigt. Bei Fieber arbeitet der Körper auf Hochtouren: Mit jedem Grad über 37 Grad Celsius schlägt das Herz bis zu achtmal häufiger in der Minute.

Hohes Fieber beansprucht den Körper.

Was kann man tun, damit man nicht krank wird?

Eine Möglichkeit ist, sich von Menschen, die krank sind, fernzuhalten. Wenn einer deiner Freunde krank ist, kannst du dich anstecken. Deshalb spielt ihr besser erst wieder miteinander, wenn er gesund ist. Gleichzeitig sollte man versuchen, seine Widerstandsfähigkeit zu stärken. Sport an der frischen Luft, gesundes Essen mit viel Obst und Gemüse helfen dabei. Nicht zu vergessen die Impfungen. Sie machen den Körper so weit fit, dass er die Erreger von Krankheiten, gegen die man geimpft ist, bekämpfen kann.

Sport ist gut für die Gesundheit.

Warum ist hohes Fieber lebensgefährlich?

Ab 40 Grad Celsius beginnen sich die Eiweiße in unserem Körper zu verfestigen. Dann kann der Körper das lebenswichtige Eiweiß nicht mehr nutzen. Dazu kommt, dass das Herz schneller schlägt und die Lunge mehr leisten muss. Der Körper wird stark beansprucht. Viele ältere Menschen sind bei hohem Fieber in Lebensgefahr.

Krankheit, Verletzung, Tod

Was ist Krebs?

Es kann passieren, dass einzelne Körperzellen nicht mehr ihre ursprüngliche Aufgabe erfüllen, sondern sich unkontrolliert vermehren. Dann spricht man von einem Tumor. Es gibt gut- und bösartige Tumore. Gutartig nennt man Tumore, die anderes Gewebe nur verdrängen. Unter bösartigen Tumoren, auch Krebs genannt, versteht man Wucherungen, die Gewebe und Organe zerstören. Normalerweise kann das Immunsystem krankhaft veränderte Zellen erkennen und bekämpfen. Wenn diese Funktion gestört ist, wachsen Krebszellen ungehemmt weiter und können den ganzen Körper zerstören. Je weiter der Krebs fortgeschritten ist, desto schlechter ist er heilbar.

Was ist das Immunsystem?

„Immun" heißt so viel wie „widerstandsfähig". Zum Immunsystem gehören alle Mechanismen im Körper, die uns vor Krankheitserregern schützen und sie bekämpfen. Das Immunsystem geht aber nicht nur gegen „Eindringlinge" von außen vor. Es kann auch Krebszellen erkennen und zerstören. Die Hauptrolle im Immunsystem spielen die weißen Blutkörperchen, die Krankheitserreger bekämpfen.

Warum sollte man sich impfen lassen?

Impfungen schützen gegen Infektionskrankheiten. Es gibt zwei Arten, die aktive und die passive Schutzimpfung. Bei der aktiven Schutzimpfung bekommt der Körper Stoffe, die ihn anregen, Antikör-per, also Abwehrkräfte, gegen eine oder mehrere Krankheiten aktiv zu bilden. Anders die passive Impfung: Hier bekommt der Körper die Antikörper gleich gespritzt. Diese Methode hat den Nachteil, dass der Impfschutz nicht lebenslang, sondern nur auf begrenzte Zeit hält. Deshalb muss man sich wieder impfen lassen. Welche Impfungen wann anfallen, sagt der Impfpass, in den jede Impfung eingetragen wird. Impfungen bekommt man mit einer Spritze in den Oberarm, weil der kräftige Muskel dort von feinen Blutäderchen durchzogen ist. So kann der Impfstoff direkt ins Blut gelangen.

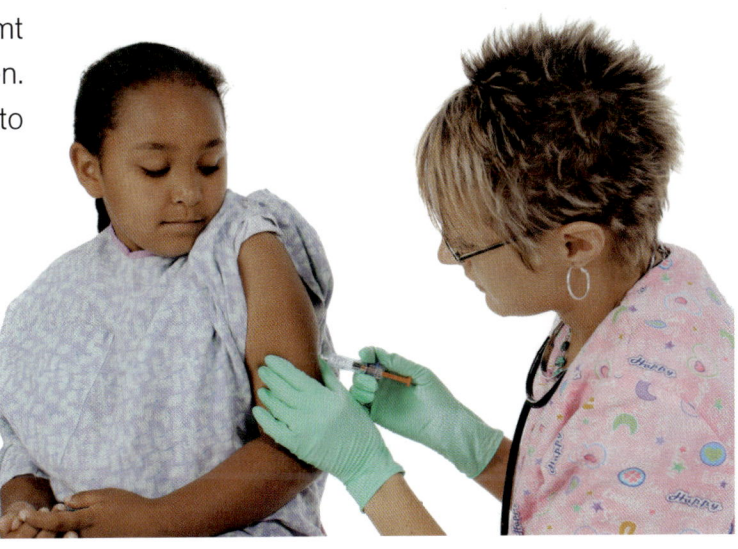

Der Impfstoff wird in den Oberarm gespritzt.

Meilenstein der Medizin

Früher starben viele Kinder an Diphtherie, Pocken oder Kinderlähmung. Heute sind solche Krankheiten in den Industrieländern so gut wie ausgerottet. Das liegt an den Impfungen, die es seit gut 200 Jahren gibt. Die erste Schutzimpfung führte der britische Arzt Edward Jenner (1749—1823) am 14. Mai 1796 gegen die Pocken durch.

Warum sind Babys und Kleinkinder so oft krank?

Babys bekommen zunächst über die Muttermilch Antikörper. Nach etwa sechs Monaten lässt die Wirkung der Antikörper der Mutter nach und das Baby beginnt eigene Antikörper zu entwickeln. Dabei wird es häufig krank — anfangs bis zu zwölf Mal im Jahr. Meistens sind die Kinder verschnupft, haben eine Mittelohrentzündung oder eine Bronchitis. Doch je älter die Kinder werden, desto stärker ist ihre Immunabwehr und sie werden immer seltener krank.

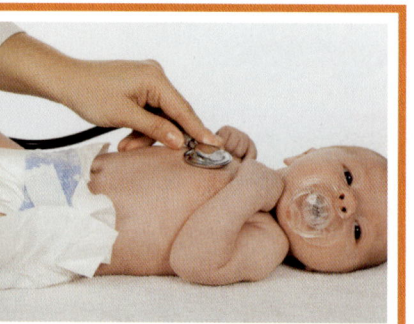

Babys sind oft krank.

Was sind typische Kinderkrankheiten?

Manche Krankheiten bekommen nur Kinder, zum Beispiel Pseudokrupp. Kinder, die Pseudokrupp haben, keuchen und ringen nach Luft. Viren haben eine Entzündung der Schleimhaut im Bereich des Kehlkopfs verursacht. Pseudokrupp kann man nur im Alter zwischen 18 Monaten und sechs Jahren bekommen, da der Kehlkopfspalt in dieser Zeit noch sehr eng ist. Daneben gibt es die klassischen Kinderkrankheiten, gegen die man geimpft werden sollte: Mumps, Masern, Röteln, Keuchhusten und Windpocken.

Bekommen nur Kinder Kinderkrankheiten?

Nein. Oft verlaufen Kinderkrankheiten, wenn man sie als Kind hat, viel weniger schwerwiegend als wenn man als Jugendlicher oder Erwachsener daran erkrankt. Für sie kann es sogar lebensbedrohlich sein, wenn sie zum Beispiel an Masern erkranken. Bei einem Kleinkind, das an Masern erkrankt ist, bekommt nur jedes 10.000ste Kind eine Gehirnentzündung. Bei älteren Kindern, Jugendlichen und Erwachsenen muss jeder 500ste damit rechnen.

Warum tragen Ärzte einen Mundschutz?

Um zu verhindern, dass Krankheitskeime aus ihrem Mund mit den Patienten in Berührung kommen, tragen Ärzte bei Operationen oder auf der Intensivstation einen Mundschutz. Viele Krankheitserreger, zum Beispiel solche, die eine Erkältung auslösen, befinden sich im Speichel. Sie gelangen in die Luft, wenn man spricht. Wer mit infiziertem Speichel in Berührung kommt, kann sich sehr leicht anstecken. Besonders gefährlich wird es, wenn Krankheitserreger über den Speichel ins Blut oder in eine offene Stelle geraten. Das ist etwa der Fall, wenn ein Arzt während einer Operation spricht.

Ärzte müssen bei Operationen einen Mundschutz tragen.

Krankheit, Verletzung, Tod

Warum müssen die Instrumente beim Arzt steril sein?

Steril bedeutet, dass sich an den Instrumenten keine Keime, also weder Bakterien noch andere Krankheitserreger, befinden. Damit sich ein Patient beim Arztbesuch nicht ansteckt, müssen nicht nur alle Instrumente steril gemacht werden, sondern auch die Hände. Deshalb tragen Ärzte, wenn sie eine Wunde untersuchen, Handschuhe und waschen sich nach jedem Patienten mit einem Desinfektionsmittel die Hände.

Warum muss man beim Arzt „A" sagen?

Der Arzt möchte die Zunge und den Rachen sehen, um herauszufinden, ob eine Entzündung vorliegt. Wenn man „A" sagt, geht der hintere Teil der Zunge nach unten und öffnet so den Zugang zum Rachen. Übrigens kann die Farbe der Zunge ein Hinweis sein, welches Organ erkrankt ist. Ist sie rosig rot, so ist alles in Ordnung. Ein braune Zunge kann ein Zeichen für eine Nierenerkrankung sein, eine extrem rote hingegen kann auf eine Lebererkrankung hindeuten.

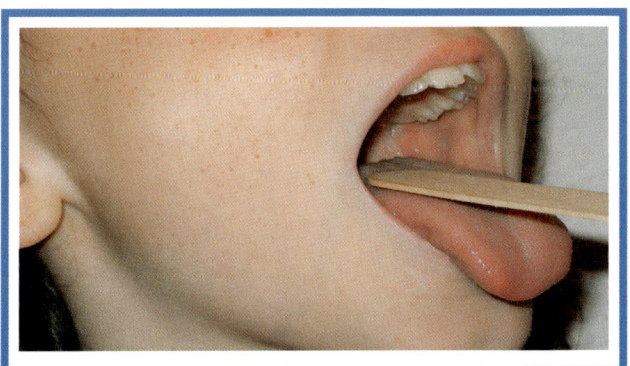

Der Arzt schaut nach Entzündungen im Hals.

Können Tiere Krankheiten auf Menschen übertragen?

Leider ja. Man geht davon aus, dass sich ein Mensch mit rund 200 Tierkrankheiten infizieren kann. Am bekanntesten und sehr gefährlich ist die Tollwut. Doch es gibt weitere Krankheiten wie Spulwürmer und vieles mehr. Wasche dir deshalb immer die Hände, wenn du mit deinem Haustier gespielt hast, und lasse es nicht in deinem Bett schlafen. Bringe es außerdem regelmäßig zum Tierarzt.

Nach dem Schmusen bitte die Hände waschen!

Was geschieht bei einer Operation?

Manchmal ist ein Mensch so krank oder so schwer verletzt, dass er operiert werden muss. Dabei wird der Körper aufgeschnitten und die erkrankte Stelle behandelt. Es gibt unterschiedliche Operationen. Bei einem komplizierten Knochenbruch werden die gebrochenen Knochen wieder in die richtige Position gebracht. Bei einer Blinddarmoperation wird der entzündete Wurmfortsatz herausgeschnitten. Damit der Patient keine Schmerzen empfindet, wird er vor dem Eingriff für eine bestimmte Zeit betäubt.

Worin unterscheiden sich Voll- und Teilnarkose?

Bei einer Vollnarkose erhält der Patient Medikamente, die sein Bewusstsein komplett ausschalten. Er spürt nichts und kann sich auch später nicht an den Eingriff erinnern. Wenn eine Teilnarkose verabreicht wird, ist nur ein Bereich des Körpers betäubt, zum Beispiel ein Arm oder die untere Körperhälfte. Dennoch muss man auch hier keine Angst haben. Ein grünes Tuch verhindert, dass man die Operation beobachten kann.

Was ist eine Allergie?

Bei Viren und Bakterien sind Abwehrreaktionen des Körpers hilfreich. Wenn dagegen das Immunsystem auf Stoffe, die eigentlich ungefährlich sind, mit Atemnot oder tränenden Augen reagiert, dann spricht man von einer Allergie. Sehr viele Menschen reagieren allergisch auf Stoffe wie Milben, Pollen oder Katzenhaare, andere auf Milch, Schmuck oder Medikamente. Man nennt solche Stoffe Allergene. Der Körper bildet gegen die Allergene spezielle Antikörper, sodass der Mensch überempfindlich wird.

Wer hilft bei Allergien?

Am besten geht man zum Hautarzt, der dann einen Allergietest macht. Je nachdem, wie stark die Allergie ist, wird er dich behandeln oder dir sagen, welche Lebensmittel du nicht mehr essen oder was du generell vermeiden solltest.

Was ist Heuschnupfen?

Heuschnupfen ist eine allergische Reaktion auf Blütenpollen, die bestimmte Eiweißbausteine enthalten. Wenn sie sich mit bestimmten weißen Blutkörperchen verbinden, dann bilden sich sogenannte Histamine, die die allergische Reaktion auslösen. Etwa 16 bis 20 Prozent der Bevölkerung leiden unter Heuschnupfen.

Leute mit Heuschnupfen sind allergisch auf Pollen.

Wie entsteht Mundgeruch?

Mundgeruch entsteht, wenn man im Mund oder im Rachen eine bakterielle Entzündung hat. Bei schlecht geputzten Zähnen kann ebenfalls Mundgeruch entstehen. Dann siedeln sich jede Menge Bakterien im Mund an, die Speisereste zersetzen. Sie erzeugen ein Gasgemisch, in dem Schwefel enthalten ist. Und der stinkt! Schon allein deshalb solltest du häufig deine Zähne putzen.

Was ist eine Erfrierung?

Wenn ein Körperteil sehr kalt wird, kann es erfrieren. Das kann zum Beispiel passieren, wenn sich ein Bergsteiger im Hochgebirge sehr lange Zeit in Eis und Schnee aufhält. Meistens treten Erfrierun-

Krankheit, Verletzung, Tod

gen an den Händen, Füßen oder im Gesicht auf. Hier stoppt Kälte die Durchblutung besonders schnell, sodass der betroffene Körperteil absterben kann. Aber keine Angst: Man muss schon sehr lange im Kalten gewesen sein, ehe ein Körperteil erfriert und völlig abstirbt.

Erkältet man sich mit nassen und kalten Füßen?

Wenn man mit nassen und kalten Füßen herumläuft, kühlt der Körper ab. Das schwächt die Abwehr, sodass uns Viren und Bakterien leichter krank machen können. Dazu kommt, dass wir in der kalten Jahreszeit häufig mit vielen anderen Menschen in geschlossenen Räumen sind. Je mehr Menschen, desto mehr Erreger. Die Gefahr, dass man sich ansteckt, wird größer.

Was ist Migräne?

Wenn jemand häufig unter sehr heftigen Kopfschmerzen leidet, oft auch mit Übelkeit und Erbrechen verbunden, dann hat er möglicherweise Migräne. Ursache können bestimmte Nahrungsmittel sein, bei anderen ist es Stress. Auch ein Wetter-

Frauen erkranken häufiger an Migräne als Männer.

umschwung kann einen Migräneanfall hervorrufen. Kinder können leichter Migräne bekommen, wenn ein Elternteil daran erkrankt ist. Frauen leiden häufiger an Migräne als Männer. Man sollte deswegen zum Arzt gehen.

Was bedeutet der Begriff „behindert"?

Behinderungen können angeboren sein, aber manchmal auch später eintreten, zum Beispiel durch einen Unfall oder eine Krankheit. Man unterscheidet körperliche und geistige Behinderungen. Körperliche Behinderungen sind zum Beispiel Erblindung oder Gelähmtheit. Bei geistig behinderten Menschen ist das Gehirn oft nicht in der Lage, einfache Aufgaben im Alltag zu bewältigen, weshalb viele betreut wohnen müssen. Geistige Behinderungen geben der Medizin noch große Rätsel auf, weil man bislang noch zu wenig über das menschliche Gehirn weiß.

Grippe oder Erkältung?

Erkältungen können durch 200 verschiedene Viren ausgelöst werden. Anders die echte Grippe, in der Fachsprache Influenza genannt: Sie wird durch drei verschiedene Virentypen ausgelöst, die sich ständig verändern. Die Beschwerden bei Grippe sind viel schwerer als bei einer Erkältung: Kopf- und Gliederschmerzen, hohes Fieber, Schüttelfrost, Husten und Kreislaufbeschwerden. Gegen die Influenza kann man sich impfen lassen.

Warum ist Chlor im Schwimmbad?

Im feuchtwarmen Schwimmbad fühlen sich Keime besonders wohl und vermehren sich schnell. Deshalb gibt man Chlor ins Wasser. Es tötet die Krankheitserreger, kann aber in großen Mengen auch unsere Gesundheit belasten. Chlor brennt in den Augen, trocknet die Haut aus und hat einen beißenden Geruch. Deshalb wird in deutschen Schwimmbädern nur wenig Chlor verwendet. Oft werden dem Wasser noch andere Mittel beigemischt, damit man weniger Chlor braucht.

Chlor tötet die Krankheitserreger im Wasser.

Warum haben Kinder oft Bauchweh?

Bauchweh kann viele Ursachen haben. Manche sind krank, andere essen einfach zu viel, dann drückt der Magen. Manche Kinder bekommen Bauchweh, wenn sie vor einer unangenehmen Situation stehen, zum Beispiel einer schwierigen Klassenarbeit. Geht man zum Arzt, stellt sich meist heraus, dass mit dem Bauch alles in Ordnung ist. Woran liegt es dann? An der Psyche. Allein die Angst kann dazu führen, dass man Bauchkrämpfe bekommt, obwohl der Bauch an sich gesund ist.

Warum haben unterernährte Kinder einen dicken Bauch?

Die starke Wölbung des Bauches, auch Hungerödem genannt, entsteht, wenn dem Körper Eiweißstoffe fehlen. Kindern, die lange Zeit zu wenig Nahrung, vor allem zu wenig eiweißreiche Nahrung, bekommen, fehlen wichtige Eiweißstoffe, die normalerweise im Blut das Wasser an sich binden. Das Wasser tritt dann durch die geschädigten Gefäßwände ins Gewebe aus und sammelt sich im Bauch an.

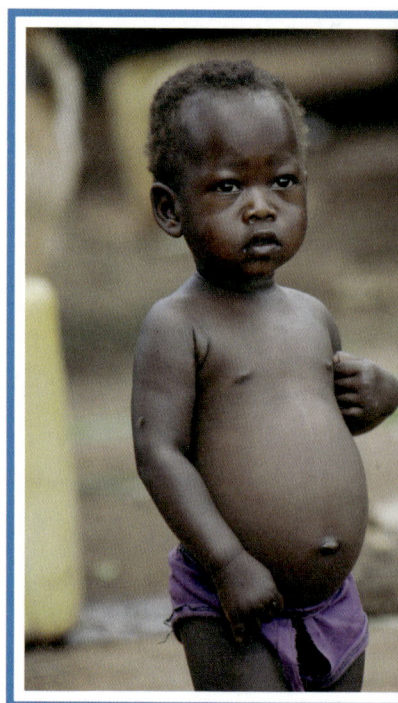

Unterernährte Kinder haben einen dicken Bauch.

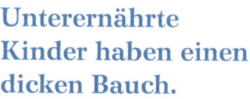

Was ist eine Sucht?

Heute spricht man nicht mehr von Sucht, sondern von Abhängigkeit. Abhängig ist jemand, wenn er das Gefühl hat, er komme nur zurecht, wenn er eine bestimmte Droge, zum Beispiel Alkohol oder Tabletten, zu sich nimmt. Drogen versetzen den Abhängigen in einen Rausch, der nach einer bestimmten Zeit wieder vergeht. Das Glücksgefühl ist nur eine Täuschung. Für jeden neuen Rausch braucht der Abhängige eine höhere Dosis, da der Körper sich schnell an das Rauschgift gewöhnt. An einer Überdosis Drogen kann man sterben.

Krankheit, Verletzung, Tod

Ist Magersucht eine Sucht?

Magersüchtig sind Menschen, die fast nichts essen, um schlank zu sein. Wenn sie etwas essen, haben sie oft Schuldgefühle. Dennoch rechnet man Magersucht nicht zu den Abhängigkeiten. Sie ist eine sehr gefährliche Essstörung. Oft kann nur noch ein Klinikaufenthalt vor dem Verhungern retten. Dennoch sterben schätzungsweise zehn bis 15 Prozent der Magersüchtigen.

Sind Glasknochen aus Glas?

Nein, natürlich nicht. „Glasknochen" sind Knochen, die ungewöhnlich leicht sind und deswegen auch sehr häufig brechen. Auf Röntgenbildern erscheinen diese Knochen dünn und glasartig. Ursache der Glasknochenkrankheit ist ein Defekt eines Kollagens. Kollagen ist der Stoff, der für die Elastizität und Widerstandskraft der Knochen verantwortlich ist. Die Glasknochenkrankheit ist eine ganz seltene Erbkrankheit. Wer daran leidet, darf sich nur sehr vorsichtig bewegen.

Wachsen bei Fußpilz Pilze auf dem Fuß?

Ja, aber diese Pilze kann man mit bloßem Auge nicht erkennen. Zunächst siedeln sich auf der obersten Hautschicht kleine weiße Bläschen an. Dann wird die Haut sehr trocken, schuppig und rissig. Sie juckt und entzündet sich. Fußpilz breitet sich sehr schnell aus. Wenn man nichts dagegen unternimmt, verliert man mit jedem Schritt ungefähr 50 Hautschuppen, die alle Fußpilz auslösen können. Besonders schnell steckt man sich an, wenn die Haut zwischen den Zehen feucht ist. In der Apotheke kann man rezeptfrei Arzneimittel gegen Fußpilz kaufen.

Was ist Höhenangst?

Wer unter Höhenangst leidet, versucht, bestimmte Situationen zu vermeiden. Viele Menschen stehen nicht gern auf einer Brücke, haben Angst, auf einen Balkon zu gehen, klettern nicht auf Leitern oder gehen nicht auf einen Berg. Oft kommt es zu starken körperlichen Beschwerden in der Höhe: Herzklopfen, Herzrasen, Atemnot, Schwindel, Benommenheit, Schwitzen, Brustschmerzen, ein Druck- oder Engegefühl in der Brust. Dazu kommt die Angst, die Kontrolle zu verlieren und zu fallen.

Leute mit Höhenangst meiden Hochhäuser.

Stichwort Essstörungen

Viele junge Menschen, vor allem Mädchen, leiden unter Essstörungen. Man unterscheidet die Magersucht, die Esssucht und die Ess-Brech-Sucht, auch Bulimie genannt. Während Magersüchtige wenig essen, haben Esssüchtige Fressattacken. Bulimie-Kranke schlingen sehr viel Essen in sich hinein, das sie anschließend erbrechen. Essstörungen haben psychische Ursachen; wer darunter leidet, ist oft sehr unglücklich. Mit einer Therapie kann man diese Störungen heilen.

Warum ist Lärm schädlich?

Diese Situation kennst du vielleicht: Du machst Hausaufgaben und kannst dich nicht konzentrieren, weil nebenan jemand laute Musik hört. Menschen, die ständig durch Lärm gestört werden, leiden oft unter Kopfschmerzen, Stress, Nervosität, Konzentrationsschwäche, Schlaflosigkeit und übler Laune. Besonders starker Lärm kann auf Dauer auch schwerhörig machen.

Lärm kann auf Dauer schwerhörig machen.

Was ist Tinnitus?

Lärm verursacht nicht nur Schwerhörigkeit, er kann auch Ohrgeräusche hervorrufen. Das Piepen, Pfeifen, Summen und Brummen im Ohr nennt man Tinnitus. Die Geräusche kommen von innen und können so stark werden, dass sie einem den Schlaf rauben. Jedes Ohrgeräusch, das länger als einen Tag andauert, muss so schnell wie möglich von einem Arzt behandelt werden, sonst ist die Gefahr groß, dass man sein ganzes Leben daran leidet.

Wie entsteht Schwerhörigkeit?

Vielleicht hast du auf einer Party schon einmal dicht an der Lautsprecherbox gestanden und danach die Stimmen deiner Freunde wie aus weiter Ferne gehört. Was ist passiert? Bei starkem Lärm erschlaffen die Zilien, die feinen Härchen im Innenohr, und geben Geräusche nicht mehr richtig an den Hörnerv weiter. Meist erholen sie sich nach einer Weile wieder und man hört so gut wie vorher. Anders ist es, wenn man ständig Lärm ausgesetzt ist, zum Beispiel lauter Musik über Kopfhörer. Dann schmelzen sie und verklumpen. Sie können nichts mehr an den Hörnerv weitergeben und dieser nichts an das Gehirn. Sehr laute plötzliche Geräusche, wie der Knall eines Silvesterkrachers, können die Zilien ebenfalls zerstören. Ein Knall reicht, um dein Gehör für immer zu schädigen.

Meilenstein der Medizin

Gegen Lungenentzündungen, Scharlach und viele andere Infektionskrankheiten waren die Ärzte früher nahezu machtlos. Das änderte sich mit den Antibiotika. Das erste und bis heute wichtige Antibiotikum, das Penicillin, das von einem keimtötenden Schimmelpilz produziert wird, entdeckte der schottische Bakteriologe Alexander Fleming (1881—1955) im Jahr 1928.

Alexander Fleming

Krankheit, Verletzung, Tod

Was sind Antibiotika?

Antibiotika sind Medikamente, die gegen gefährliche Bakterien helfen. Sie bewirken, dass sich krankheitserregende Bakterien nicht vermehren oder sofort getötet werden. Leider sind inzwischen viele Erreger resistent, das heißt widerstandsfähig gegen Antibiotika geworden. Weil viele Menschen vorzeitig die Behandlung abbrechen, werden nicht alle Bakterien getötet und die restistenten haben die Möglichkeit, sich weiter auszubreiten. Ein weiterer Nachteil von Antibiotika ist, dass immer mal wieder auch die Darmbakterien angegriffen werden und man Durchfall bekommt.

Warum schadet Stress der Gesundheit?

Stress bezeichnet eine ständige Angespanntheit des Körpers. Wir sind zum Beispiel gestresst, wenn wir in sehr kurzer Zeit sehr viel leisten müssen. Dann werden Hormone ausgeschüttet, die den Körper auf Hochtouren bringen: Das Herz schlägt schneller und wir schwitzen. Kurzzeitig ist Stress kein Problem. Ständige Anspannung kann aber lebensgefährliche Krankheiten auslösen, etwa Magengeschwüre, Bluthochdruck oder Herzinfarkt.

Stress schadet langfristig der Gesundheit.

Was bedeutet Organspende?

Ist ein Organ erkrankt und nicht mehr funktionsfähig, wird es dem Patienten entnommen und das Organ eines Organspenders eingepflanzt. Diese Organe stammen meist von Menschen, die unmittelbar zuvor verstorben sind und bereits vor ihrem Tod ihre Zustimmung dazu gegeben haben, dass ihnen im Todesfall ein Organ entnommen werden kann. Von den Organen, die in unserem Körper doppelt vorhanden sind, etwa die Nieren, kann man auch eines lebend spenden. Das machen oft nächste Verwandte, wenn sonst keine Aussicht auf Rettung ihres Angehörigen besteht. Seit etwas mehr als 50 Jahren können Organspenden Leben retten. Leider ist es oft schwer, ein Spenderorgan zu finden, da es mehr Kranke auf den Wartelisten gibt als Spenderorgane.

Warum werden Menschen heute viel älter als früher?

Die medizinische Versorgung und die Medizintechnik sind heute so gut wie nie zuvor. Dazu kommt, dass die Menschen heute weniger gefährliche Berufe ausüben, die Unfallzahlen sinken. Sehr viele Menschen achten auf eine gesunde Lebensführung: Sport und eine ausgewogene Ernährung tragen besonders dazu bei, dass man nicht nur alt wird, sondern bis ins hohe Alter gesund bleiben kann.

Der Mensch hat heute eine höhere Lebenserwartung als früher.

Lebenszyklus

Blätterst du gern in Alben mit Fotos deiner Eltern und Großeltern? Kaum zu glauben, wie sich die Gesichter mit der Zeit verändert haben! Auch wenn wir meinen, dass wir im Kern immer wir selbst sind, entwickeln wir uns ständig weiter. Kindheit, Jugend, Erwachsenenalter und das Alter sind die vier großen Abschnitte, die ein Mensch in seinem Leben durchläuft.

Kindheit und Jugend

In der Kindheit wird die Grundlage dafür gelegt, wie sich unser Charakter, unsere Vorlieben und Abneigungen entwickeln. Vor allem in den ersten Jahren entwickeln sich wichtige geistige und körperliche Fähigkeiten wie Sprache und Bewegungsabläufe. Von großer Bedeutung ist auch die Beziehung zu den Eltern. Die meisten Kleinkinder haben ein starkes Bedürfnis nach Geborgenheit. Viele Kinder sind wissbegierig und kreativ, oft auch sportlich. Förderung ist daher sehr wichtig. Wer in

Kinder müssen gefördert werden.

der Kindheit nicht entsprechend gefördert wurde, tut sich später oft schwer. Dann fehlen nicht nur grundlegende Fähigkeiten, oftmals leidet auch das Selbstvertrauen darunter.

Der Übergang von der Kindheit in die Jugend beginnt mit einem Wachstumsschub. Bei Mädchen setzt die Pubertät etwa zwei Jahre früher als bei Jungen ein. Mädchen haben mit elf bis 13 Jahren ihre erste Monatsblutung, Jungen mit 14 bis 17 Jahren ihren ersten Samenerguss. Das heißt, dass sie, sobald sie diese Zeichen der körper-

In der Pubertät ist man öfters unzufrieden.

lichen Reifung haben, geschlechtsreif sind. Doch das bedeutet nicht wirklich erwachsen. In der Zeit der Pubertät entwickelt sich das Gehirn sehr stark weiter. Das ist — neben den Hormonen, die in der Pubertät verstärkt ausgeschüttet werden — auch der Grund, warum Jugendliche öfters unausgeglichen und unzufrieden mit sich und ihrer Umgebung sind. Oft ist in dieser Zeit das Verhältnis zu den Eltern etwas bis sehr angespannt. Es dauert mehrere Jahre, bis Jugendliche in ihre Rolle als Erwachsene hineingefunden haben. Jungen sind mit zirka 18 bis 22 Jahren erwachsen, Mädchen etwa ein bis zwei Jahre früher.

Endlich erwachsen!

Niemanden mehr fragen müssen, ob man etwas darf. Alles selbst entscheiden können ... Kinder und Jugendliche wünschen sich oft nichts mehr als erwachsen zu sein. Rechtlich gesehen ist jeder ab seinem 18. Geburtstag erwachsen. Keine Frage: Es hat seine Vorteile, wenn man über sein Leben selbstständig entscheidet — und dafür die Verantwortung tragen muss. Das Erwachsenenalter ist der Lebensabschnitt, in dem der Mensch am leistungsfähigsten ist. Entsprechend groß und vielfältig sind seine Aufgaben. Erwachsene gehen arbeiten. Oft gründen sie eine Familie. Im Durchschnitt bekommen sie mit etwa 30 Jahren Kinder, mit denen sie etwa 20 Jahre in einem Haushalt zusammenleben.

Erwachsene gründen meist eine Familie.

Mitten im Erwachsenenalter, mit etwa 45 Jahren, beginnt der Körper zu altern. Die Sinne funktionieren nicht mehr so gut, Muskelgewebe wird abgebaut, das Gedächtnis lässt mit der Zeit etwas nach. Frauen kommen zwischen 45 und 55 Jahren in die Wechseljahre, ihr monatlicher Zyklus hört auf. Danach können sie keine Kinder mehr bekommen. Dennoch fühlen sich die wenigsten Menschen um die 45 alt! Kein Wunder, denn die durchschnittliche Lebenserwartung steigt stetig an. Statistisch gesehen haben Jungen mittlerweile eine durchschnittliche Lebenserwartung von 76,6 Jahren, bei Mädchen sind es dagegen inzwischen sogar 82,1 Jahre.

Wie verändert sich der Körper, wenn man alt wird?

Der Körper altert, wenn er mit der Zeit an Leistungsfähigkeit einbüßt. Dafür gibt es viele Ursachen: Die Lungenbläschen sind weniger elastisch, dadurch wird weniger Sauerstoff aufgenommen, der Körper kann Belastungen nicht mehr so gut verkraften. Die Nieren funktionieren nicht mehr so gut, sodass Giftstoffe länger im Körper bleiben. Muskel- und Knochenmasse werden abgebaut, die Haut wird schlechter durchblutet, das Gehirn schrumpft, die Sinnesorgane sind weniger empfindlich als bei jungen Menschen. Ältere Menschen sind daher häufiger krank als jüngere. Das Altern wirkt sich nicht nur auf den Körper und die Psyche aus, sondern auf das ganze Leben. Ob auf Reisen, beim Besuch von Freunden, beim Einkaufsbummel oder bei ärztlich verordneten Therapien — viele Bereiche des täglichen Lebens müssen den Altersbedingungen angepasst werden.

Im Alter kann man oft nicht mehr so gut laufen.

Wie lernt ein Kind sprechen?

Bei der Geburt sind die Sprachorgane so weit ausgebildet, dass das Sprechen technisch möglich wäre. Um wirklich sprechen zu können, müssen Verknüpfungen im Gehirn entstehen. Erst nach etwa acht bis zwölf Monaten kann das Baby Laute, die es hört, nachahmen. Kurz vor oder nach ihrem ersten Geburtstag fangen die meisten Kinder an zu sprechen.

Mit einem Jahr können Kinder sprechen.

Warum stottern manche Menschen?

Stottern ist ein Überbleibsel aus der frühen Kindheit. Bei Kindern von zwei bis sechs Jahren ist es nicht ungewöhnlich, sondern kommt daher, dass sich die zahlreichen Muskeln, die beim Sprechen beteiligt sind, erst durch viel Training formen müssen. Manche legen diesen Sprachfehler nie richtig ab, mit einer Therapie können sie jedoch ihre Aussprache verbessern.

Warum ist man in der Pubertät oft unsicher?

Die zahlreichen körperlichen Veränderungen in der Pubertät empfinden viele Jugendliche als unangenehm: Jungen ist es oft peinlich, wenn sie im Stimmbruch sind; manche Mädchen sind irritiert, wenn sie merken, dass ihr Busen zu wachsen beginnt. Viele Jugendliche bekommen Pickel und fühlen sich in ihrer Haut oft nicht wohl. Die Pubertät ist zudem die erste Abnabelungsphase von den Eltern. Viele Teenies wollen jetzt eine eigenständige Person werden.

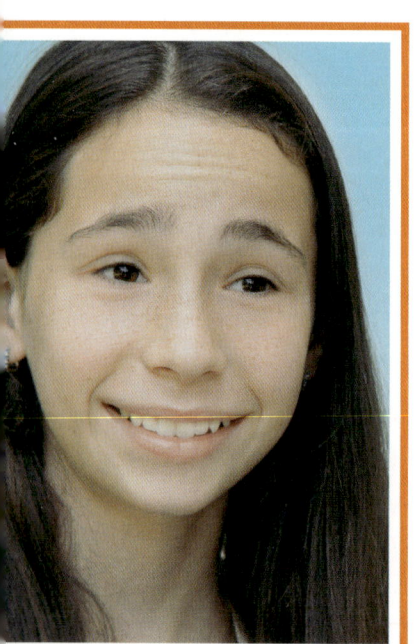

In der Pubertät ist man oft unsicher.

Warum lernen wir manche Dinge leichter?

Das Lernen ist ein komplizierter und noch nicht ganz erforschter Vorgang. Wenn man einen Lerninhalt gerade gut gebrauchen kann oder sich besonders dafür interessiert, lernt man schneller. Deshalb lernt man Fremdsprachen am besten in dem Land, wo sie gesprochen werden: Man braucht sie für das Leben im Alltag.

Warum schlafen wir manchmal schlecht ein?

Müdigkeit allein reicht nicht, wenn man einschlafen möchte. Wenn du etwas Aufregendes erlebt hast, zum Bespiel einen Actionfilm gesehen hast oder auf einer Party warst oder weißt, dass du am nächsten Tag in Urlaub fährst, wirst du wahrscheinlich

Verhaltensweisen

nicht sofort einschlafen können, egal, wie müde du bist. Zum Einschlafen muss man entspannen, das Gehirn muss frei von der Hektik des Alltags sein. Deshalb ist es hilfreich, wenn man das Zubettgehen mit einem kleinen Ritual verbindet. Etwa, wenn man leise Musik hört oder ein wenig liest.

Warum erinnern wir uns so selten an Träume?

Manche Menschen sagen, dass sie nie träumen. Doch das stimmt nicht. Jeder Mensch träumt jede Nacht. Wir können uns aber nur daran erinnern, wenn wir während des Traumes wach werden. Darüber, warum wir Träume so schnell vergessen, kann man nur mutmaßen. Eine Erklärung könnte sein, dass das Gehirn im Traum nicht in der Lage ist, Erinnerungen zu speichern.

Was passiert beim Schlafwandeln im Gehirn?

Auch im Schlaf ist unser Gehirn aktiv, es arbeitet nur langsamer. Schlafwandeln ist eigentlich eine Störung beim Aufwachen. Während das Bewusstsein noch „schläft", ist der Körper aktiv. Das Schlafwandeln kann von wenigen Minuten bis zu einer halben Stunde andauern. Typisch für Schlafwandler ist, dass sie sich am Morgen an ihre nächtlichen Ausflüge nicht mehr erinnern können.

Ein Schlafwandler auf dem Dach

Warum haben wir Albträume?

Oft hat man Albträume, wenn man etwas Bedrückendes erlebt hat, etwa einen Unfall. Sie können so schlimm sein, dass der Träumende im Schlaf weint und schweißgebadet oder sogar mit einem Schrei aufwacht. Meistens verfliegt die Angst, wenn das Licht an ist und man weiß, dass alles nur geträumt war. Albträume können uns auf ein schweres Problem hinweisen. Wenn sie ständig wiederkehren, solltest du zu einem Arzt gehen.

Warum zucken manche Leute im Schlaf?

Das Zucken im Schlaf ist völlig harmlos. Es kommt vor allem beim Einschlafen vor. Je angespannter man ist, umso wahrscheinlicher ist es, dass man beim Einschlafen oder im Schlaf zuckt. Meist liegt es daran, dass ein Muskel schneller als der andere entspannt. Manchmal träumen wir, dass wir fallen. Wenn wir im Traum unten aufkommen, zucken wir ebenfalls zusammen.

Wissenswertes über den REM-Schlaf

REM ist die Abkürzung für „Rapid Eye Movements", das heißt übersetzt „schnelle Augenbewegungen". Im REM-Schlaf bewegen sich die Augen unter den Lidern so, als würden wir eine spannende Szene beobachten. Der REM-Schlaf ist die Phase, in der wir am meisten und sehr intensiv träumen.

Warum sind die meisten Menschen Rechtshänder?

Ob jemand Rechts- oder Linkshänder ist, wird bereits vor der Geburt im Gehirn festgelegt. Die Nervenbahnen vom Gehirn zum Körper verlaufen über Kreuz. Das bedeutet, dass die rechte Körperseite von der linken Gehirnhälfte kontrolliert wird und umgekehrt. In der linken Hirnhälfte befinden sich wichtige Sprachzentren. Auch das logische Denken hat hier seinen Platz. Diese Hirnhälfte ist die bestimmende. Fast 90 Prozent der Menschen sind Rechtshänder. Manche Leute benutzen für einige Tätigkeiten die linke, für andere die rechte Hand. Warum das so ist, weiß man nicht.

Die meisten Menschen sind Rechtshänder.

Warum fällt das Konzentrieren nach dem Essen schwerer?

Das Blut im Körper ist nie gleichmäßig verteilt, sondern fließt dorthin, wo es am dringendsten benötigt wird. Wenn du viel gegessen hast, fließt es in den Magen, wo es für die Verdauungsarbeit gebraucht wird. Weil es aber nicht so viel Blut gibt, entsteht in den anderen Organen, also auch im Gehirn, kurzfristig ein Mangel. Deshalb können wir uns nach dem Essen nicht so gut konzentrieren und werden schläfrig.

Warum lachen wir?

Fest steht: Lachen ist angeboren. Warum aber jeder anders lacht, ist noch nicht erforscht. Dass wir lachen, muss positiv für die Gemeinschaft sein — sonst hätten die Menschen es sich nicht über Jahrtausende hinweg erhalten. Doch nicht nur wir Menschen lachen, auch bei vielen Tierarten ist es zu beobachten. Lachen ist eine Möglichkeit, verschiedene Verhaltensweisen auszuprobieren: Schimpansen setzen ein lustiges Gesicht auf, wenn sie zum Beispiel im Spaß zubeißen.

Ist Lachen wirklich gesund?

Ja! Wissenschaftler haben herausgefunden, dass herzhaftes Lachen vieles im Körper günstig beeinflusst: Lachen unterstützt die Atmung und bringt das Herz in Schwung, fördert die Durchblutung, stärkt die körpereigene Abwehr, regt die Verdauung und — ganz wichtig — die Ausschüttung von Glückshormonen an. Lachen kann sogar Schmerzen lindern. Das klappt allerdings nur, wenn man von Herzen lacht!

Wieso muss man beim Lachen manchmal weinen?

Genau wie Schmerz und Trauer wirkt sich auch Freude auf den Teil unseres Gehirns aus, der unsere Körperfunktionen unbewusst steuert. Dabei

Verhaltensweisen

wird die Tränendrüse angeregt, Flüssigkeit zu produzieren — wir weinen. Wissenschaftler nehmen an, dass wir Tränen vergießen, um zu zeigen, wie wir uns fühlen. Tränen sind also ein Zeichen dafür, dass wir von Gefühlen überwältigt sind.

Kann man ein Lachen vortäuschen?

Ja. Doch oft kommt nur ein Grinsen dabei heraus. Und das wirkt nicht besonders echt. Wenn jemand grinst, hebt er bewusst seine Mundwinkel so weit an, dass sich der Mund öffnet und man die Zähne sieht. Ein echtes Lachen sieht anders aus: Es schließt die Augen mit ein: Der Ringmuskel um die Augen zieht sich zusammen, es entstehen „Krähenfüßchen", das sind kleine Falten um die Augen. Die Mimik der Augen kann man nicht bewusst beeinflussen. Deshalb wirkt ein vorgetäuschtes Lachen oft maskenhaft.

Hättest du das gewusst?

Bei einem Lachanfall passiert Folgendes im Körper: Brustkorb und Zwerchfell schütteln sich, Blutdruck und Puls beginnen zu rasen, das Gesicht wird

puterrot, der Oberkörper krümmt sich und aus den Lungen entkommt ein Atemstoß mit einer Geschwindigkeit von rund 100 Kilometern pro Stunde.

Bei einem Lachanfall ist der ganze Körper in Aktion.

Ein echtes Lachen kann man nur schwer vortäuschen.

Schlafen alte Menschen anders?

Viele alte Menschen können nicht mehr so leicht einschlafen und wachen nachts sehr häufig auf. Auch die Art des Schlafs ist eine andere: Die Zeit, die sie im Tiefschlaf verbringen, ist im Alter viel kürzer. Dafür verlängert sich der Leichtschlaf. Dass alte Menschen die meiste Zeit ihres Schlafes im Leicht- und Traumschlaf verbringen, erklärt auch, warum sie nachts so leicht aufwachen. Bei vielen genügt schon ein Hundebellen und sie sind hellwach.

Warum sind ältere Menschen vergesslich?

Das liegt an der kurzen Tiefschlafphase. Je länger der Tiefschlaf, umso besser das Gedächtnis. Wer also wenig schläft und diese Zeit auch noch im Leichtschlaf verbringt, kann sich schlecht an Dinge erinnern, das Lernen fällt sehr schwer. Doch es gibt einen Lichtblick: In der ersten Nachthälfte, also vor Mitternacht, ist der Anteil des Tiefschlafs höher als in der zweiten Nachthälfte. Es lohnt sich also, früh zu Bett zu gehen!

Warum ist Gähnen ansteckend?

Das kennst du bestimmt: Einer deiner Freunde ist müde und gähnt. Nach kurzer Zeit fangen die anderen auch damit an. Es sieht ganz so aus, als sei das Gähnen ansteckend. Das Gähnen ist wahrscheinlich ein Überbleibsel aus der Vergangenheit. Wenn bei Affengruppen ein Affe anfängt zu gähnen, tun es ihm die anderen nach und alle gehen Schlafen. So ähnlich funktioniert es auch noch bei uns.

Warum haben Menschen Haustiere?

Fast jedes Kind wünscht sich ein Haustier zum Kuscheln und Streicheln. Kein Wunder — ein Haustier ist niedlich und man hat immer jemanden zum Spielen. Menschen mit Haustieren sind zudem ausgeglichener und leiden weniger unter Depressionen, das heißt einer tiefen Traurigkeit. Wer einen Hund hat und regelmäßig mit ihm Gassi geht, stärkt zusätzlich noch seinen Kreislauf, der Blutdruck sinkt und man wird insgesamt fitter. Kinder, die ein Haustier haben, lernen außerdem Verantwortung zu übernehmen.

Viele Kinder wünschen sich ein Haustier.

Warum finden wir Babys so niedlich?

Das liegt am sogenannten Kindchenschema: große Kulleraugen, dicke Bäckchen, Stupsnäschen. Alles — egal, ob Teddy oder kleine Katze — was so ähnlich aussieht wie ein Baby, weckt unseren Beschützerinstinkt. Wir reagieren automatisch auf diesen Schlüsselreiz. Das Kindchenschema ist überlebenswichtig: Es sorgt dafür, dass sich Eltern um ihren Nachwuchs kümmern.

Babys erfüllen das Kindchenschema: große Augen und kleine Knubbelnase.

Warum müssen wir uns räuspern?

In unserer Luftröhre befinden sich kleine Drüsen. Sie geben ständig eine schleimige Flüssigkeit ab, die unsere Luftwege befeuchtet und reinigt. Wenn wir atmen, nehmen wir auch Schmutzteilchen aus der Luft mit auf. Sie bleiben an dem Schleim haften, der sie mithilfe von feinen Härchen in der Luftröhre zum Rachen und Mund befördert. Sobald er den Kehlkopf erreicht hat, löst dort ein Reflex den Räusperreiz aus. Dadurch wird der Schmutz in den Rachen geblasen und anschließend verschluckt.

Verhaltensweisen

Wieso können manche mit den Ohren wackeln?

Bei manchen Tieren wie Rehen oder Füchsen kann man es immer wieder beobachten: Sie stehen ruhig da und spitzen die Ohren. Indem sie ihre Ohrmuscheln in verschiedene Richtungen bewegen, versuchen sie, jedes noch so leise Geräusch wahrzunehmen, um ihre Beute zu packen oder zu fliehen. Man vermutet, dass auch wir Menschen in der Vorzeit unsere Ohren drehen konnten, da auch wir auf der Flucht vor Raubtieren waren und Beute erlegen mussten. Bei manchen funktioniert das heute noch.

Warum haben müde Kinder rote Backen?

Wenn ein Kind müde wird, bewegt es sich weniger. Viele sitzen oder liegen dann am liebsten auf dem Sofa. Dann brauchen die Organe, das Herz und die Muskeln weniger Blut. Das Blut verteilt sich im Körper und wird in eine Art Ruheposition gebracht. Weil bei Kindern die Haut besonders dünn ist, erscheint sie dann rosig — unter der Haut hat sich verhältnismäßig viel Blut angesammelt.

Wie treffen wir Entscheidungen?

Ja oder nein? Wenn wir vor einer Entscheidung stehen, lassen wir uns die Dinge oft lange durch den Kopf gehen und wägen Vor- und Nachteile ab. Die eigentliche Entscheidung treffen wir aber mit unseren Gefühlen. Würden wir uns immer nur nach unserem Verstand richten, würden wir jede Entscheidung unendlich lange hinauszögern. Unsere Gefühle sind viel schneller und können oft sogar unser Leben retten.

Warum ekeln wir uns?

Ekel ist ein Ausdruck starker Abneigung und heftigen Widerwillens gegen etwas. Wir ekeln uns vor Dingen, die uns schaden könnten, zum Beispiel vor verdorbenem Essen. Der Körper reagiert häufig mit Brechreiz, Panik oder Ohnmacht. In vielen Fällen ist Ekel aber auch anerzogen: Das erklärt, warum sich in Europa viele Menschen vor großen Insekten ekeln, während in Asien gebratene Heuschrecken ein ganz besonderer Leckerbissen sind.

Warum frieren viele Mädchen und Frauen so schnell?

Im Allgemeinen sagt man, dass der Körper eines Mannes im Durchschnitt zu 40 Prozent aus Muskeln und nur zu 15 Prozent aus Fett besteht. Dagegen soll der Anteil von Fett und Muskeln bei Frauen in der Regel gleich sein. Muskeln erzeugen Wärme, Fett kann vor allzu schnellem Wärmeverlust schützen. Dazu kommt die Haut: Männer haben eine dickere Haut als Frauen. Außerdem gilt: Je kräftiger jemand ist, umso leichter kann er Wärme produzieren. Viele Frauen sind zarter als Männer — kein Wunder also, dass sie sich gern in Decken einkuscheln.

Frauen frieren schnell.

Warum ist man manchmal so schnell satt?

Wenn der Magen voll ist, sendet er ein entsprechendes Signal ans Gehirn, das uns das Gefühl des Sattseins vermittelt. Häufig sind wir aber nach ein paar Bissen schon „voll". Das passiert, wenn wir unter Stress stehen, also besonders aufgeregt oder unter Zeitdruck sind. Dann arbeiten Magen und Darm nur noch eingeschränkt und das Hungergefühl wird unterdrückt.

Manchmal haben wir schon nach ein paar Bissen keinen Hunger mehr.

Warum müssen wir niesen?

Wenn die Nasenschleimhaut gereizt wird, zum Beispiel durch Viren, Pollen, Staub oder Dämpfe, dann müssen wir niesen. Niesen ist ein Schutzreflex, mit dem ein Schwall Luft aus der Lunge über die Luftröhre und die Nase ausgestoßen wird. Dabei wird die ganze Gesichtsmuskulatur aktiviert: Der Nervus Facialis, ein Gesichtsnerv, der auch am Niesen beteiligt ist, sorgt dafür, dass wir dabei automatisch die Augen schließen.

Warum kann man sich nicht selbst kitzeln?

Dass wir uns nicht selbst kitzeln können, liegt an unserem Gehirn. Die Nervenzellen senden ständig Informationen an das Gehirn: etwa, wie wir uns bewegen, was wir hören, sehen, riechen und vieles mehr. Diese Reize sind sehr wichtig — sie können uns vor Gefahren warnen. Eher unwichtig ist, wenn wir uns selbst berühren. Diese Reize gehen in der Flut der Informationen unter. Dazu kommt, dass das Gehirn, wenn du dich entschieden hast, dich zu kitzeln, vorausberechnet, wann es zu kribbeln anfängt. Wenn es so weit ist, dämpft das Gehirn alle Signale, die von der Kitzelstelle ausgesendet werden, und wir spüren fast nichts!

Warum räkeln wir uns nach dem Aufstehen?

Beim Räkeln dehnt man die Sehnen und Muskeln, die Lunge füllt sich mit Luft und man fühlt sich fit für den neuen Tag. Das Räkeln ist ein Reflex, den man kaum unterdrücken kann. Je mehr wir uns im Schlaf zusammengekrümmt haben, umso größer ist am nächsten Morgen unser Bedürfnis, uns vor dem Aufstehen richtig durchzustrecken.

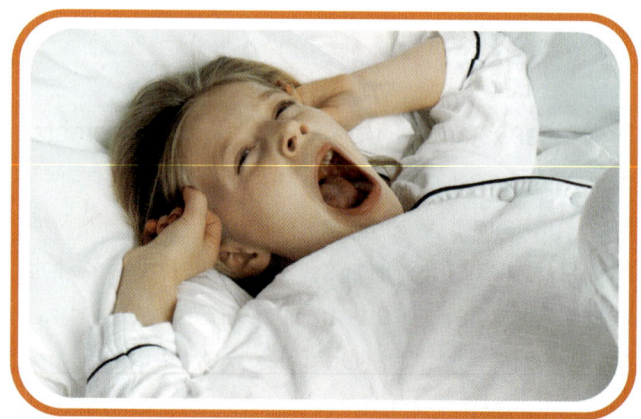

Räkeln ist ein morgendlicher Reflex.

Verhaltensweisen

Warum bekommt man bei Angst feuchte Hände und Füße?

Bei Angst gibt es zwei Möglichkeiten: Angriff oder Flucht. Feuchte Fußsohlen geben einen besseren Halt; genauso ist es, wenn die Hände feucht sind: Man rutscht nicht so leicht ab, wenn man zum Beispiel auf einen Baum klettert, da das Holz besser haftet. Für unsere ersten Vorfahren war das ein klarer Vorteil, denn sie mussten oft vor ihren Feinden davonlaufen und sich auf einen Baum retten.

Warum schämt man sich?

Scham entsteht, wenn wir etwas tun, was unserer Meinung nach gar nicht zu uns passt. Peinlich ist uns zum Beispiel, wenn wir in einem Schulfach versagen, in dem wir eigentlich nur gute Noten haben. Attraktiv, sportlich und clever — so möchte fast jeder sein. Oft denken wir auch, dass wir so sind. Deshalb ist es uns peinlich und wir schämen uns, wenn uns doch mal ein Fehler passiert.

Wie entsteht Seitenstechen?

Entweder verkrampft beim Laufen die Zwerchfellmuskulatur oder die Schmerzen werden von der Milz verursacht, weil sie zu wenig durchblutet wird. Aber auch das Essen und Trinken spielt eine Rolle. Wenn man viel getrunken hat und danach losläuft, droht Seitenstechen. Deshalb sollte man erst ein paar Stunden nach der letzten Mahlzeit loslaufen und ruhig und gleichmäßig atmen.

Warum empfinden wir Nähe zu Fremden als unangenehm?

Manche Menschen lassen wir nah an uns heran, andere lieber nicht. Die intime Zone liegt bei 20 bis 60 Zentimetern Abstand. So nah dürfen uns nur der Partner, die Familie und engste Freunde kommen. Die persönliche Zone reicht bis zu 1,20 Metern — in diesem Abstand fühlen wir uns mit Bekannten und Kollegen wohl. Die soziale Zone beträgt mehr als drei Meter. Kommt uns ein Fremder näher, fühlen wir uns manchmal bedrängt. Im Bus oder im Aufzug lässt sich das oft nicht vermeiden. Deshalb schauen wir dann meistens aneinander vorbei oder auf den Boden.

Warum fühlen sich viele im Frühjahr schlapp?

Schuld an der sogenannten Frühjahrsmüdigkeit sind die Hormone Melatonin und Serotonin, die beide vom Licht beeinflusst werden. Im Winter, wenn es kalt und dunkel ist, bildet der Körper mehr von dem Schlafhormon Melatonin. Wenn es wieder heller wird, bildet der Körper verstärkt Serotonin, das Glückshormon, das uns animiert, aktiv zu werden. Dadurch gerät der Hormonhaushalt durcheinander. Erst nach ein paar Wochen sind wir wieder richtig fit und auf Frühling eingestellt.

Im Frühjahr sind wir oft noch ein bisschen müde.

Register